渡来の古代史

国のかたちをつくったのは誰か

上田正昭

角川選書
526

渡来の古代史——国のかたちをつくったのは誰か

目次

第Ⅱ部　渡来文化の諸相

第二章　道教と役小角の宗教

序章　帰化と渡来と

I　『帰化人』の反響

帰化とは何か

昭和四十年（一九六五）の六月、中央公論社編集部の依頼で『帰化人』（中公新書）を公にした。私がこの書をだすまでには、「帰化人」という用語が、世間はもとより学界においても、なんの疑問もなしに使われていた。日本国籍を取得した人を「帰化人」とよぶことじたいにもためらいがあるが、「帰化」すべき統一国家が存在せず、「帰化」のあかしになる戸籍が存在しない時代に、「帰化人」とよぶべき人間のいるはずがない。まず第一に「帰化」という用語は「内帰欽化」の中華思想の産物であって、たとえば中国の後漢の歴史を南朝宋の范曄《はんよう》が書いた『後漢書』に「帰化慕義」とあるように、帰化とは中華の国（中国）のまわりの東夷・北狄・

南蛮・西戎の夷狄《いてき》の人びとが中国皇帝の徳化に「帰属し、欽《よろこ》び化す」ことを意味していた。前述の著書（『帰化人』）によって「帰化」は、王化あるいは皇化の思想にもとづく所産の用語であることを指摘した。そして「帰化」という用語を好んで使っているのは『日本書紀』であり、『古事記』や『風土記』などには「帰化」の用語は全く使われておらず、「参渡（度）来」・「渡（度）来」の用語でしるされている点に注目すべきことを主張した。

渡来人の活躍

そしてその著書の「序」のなかで天平勝宝四年（七五二）の四月九日、「なすところの奇偉、あげて記すべからず、仏法東帰より、斎会の儀、いまだかくのごとくさかんなることはあらざるなり」（『続日本紀』）と表現された東大寺大仏開眼供養のありさまを述べた。高さ五丈三尺五寸、顔の長さ一丈六尺、眉の長さ五尺四寸五分、目の長さ三尺九寸、口の長さ三尺七寸、耳の長さ八尺五寸、鼻の高さ一尺六寸、中指の長さでさえ五尺もあったというあの巨大な大仏を鋳造した現場のリーダーが、六六三年の白村江の戦いに敗れて日本へ亡命してきた百済の徳率《とくそつ》（第四位）の官人であった国骨富の孫である日本名国中連公（君）麻呂であったこと、さらに、延暦八年（七八九）の十二月二十八日、桓武天皇の生母高野新笠が亡くなるが、その崩伝に、高野新笠が「百済武寧王の子純陁（陀）太子」の子孫であり（『続日本紀』）、わが国の皇統には百済王族の血脈がまじわっていることを明記した。

そして百済・加耶系の漢人《あやひと》、新羅系の秦人《はたびと》がどのように登場して活躍し、高句麗系の高麗《こま》

（狛）人《びと》もまた文明の導入に大きな役割を果たしたことを史実にもとづいて叙述した。

政治や経済の動向ばかりではない。渡来の人びとは技術や芸能などの分野においても大きく貢献し、仏教はもとよりのこと、日本の神々の世界にも軽視できない寄与をしているありようを、かなり詳しく記述した。そして「いわゆる通念としての『帰化人』観は再検討されねばならぬ」と力説した。

2　渡来と帰化

渡来とは何か

「渡来」・「渡来人」というのは上田の造語であるとか、皇統に百済の武寧王の流れが入っているなどと書いたのは、不当であるなどという批判や脅迫をうけたりしたが、読書界の反響は大きく、『帰化人』は重版がつづいた。俳優の池部良さんが愛読書に『帰化人』をあげられたこと（『朝日新聞』）や、平成十四年（二〇〇二）の日韓共催のサッカーW杯の前年の十二月、天皇みずからが宮内庁記者クラブでの会見で、「私自身としては、桓武天皇の生母が百済の武寧王の子孫であると『続日本紀』に記されていることに、韓国とのゆかりを感じています」と語られたことを、改めて想起する。

平成十三年（二〇〇一）一月十二日の宮中歌会始の召人《めしうど》にはからずも選ばれ、歌会のあと天皇・皇后両陛下と懇談する機会があり、平成二十年（二〇〇八）の十一月一日には、『源氏物語』千年記念の式典で、京都へおみえになったおり、大宮御所へ両陛下のお招きで参上し、夕食を共にしながら二時間十分、いろいろなご質問にお応《こた》えしたことも忘れられない想い出となっている。「皇太子の時代に『帰化人』は読みました」と申されたのに深い感銘をうけた。『帰化人』を出版してから早くも四十八年の歳月が過ぎた。『上田正昭著作集』（全八巻・角川書店）をまとめたおりに、『帰化人』を第五巻「東アジアと海上の道」（一九九九年）の中のⅠ「渡来人の活躍」にかなり加筆をして収録した。

昭和四十年以後の発掘成果には東アジアとりわけ朝鮮半島とのかかわりにおいて注目すべきところが数多くあって、補強せざるをえなかったからである。

このたび角川学芸出版の依頼で、新しい見地から本書をまとめることになったのは、私にとってはありがたいチャンスでもあった。私自身の見解もさらに深まり、またその後の発掘成果は、古代日本の文化がいかに東アジアの世界と連動していたかを、つぎつぎに実証してきたからである。そこでまず、「渡来」という用語がけっして私の造語でないことを『古事記』や『風土記』を例として書きはじめることにしよう。

渡来の伝承

朝鮮半島南部の新羅の王子と伝えるアメノヒボコ（『記』は天之日矛、『紀』は天日槍、斎部広《いんべのひろ》成《なり》が大同二年（八〇七）にまとめた『古語拾遺』は海檜槍と書く）の渡来伝承について、『古事記』は応神天皇の条に「又《また》昔、新羅の国主の子有りき、名は天之日矛と謂《い》ひき、是人《このひと》参渡来（まゐわたりきつ）」と「参渡来」と書き、『風土記』たとえば『播磨国風土記』は（揖保郡・粒《いいぼ》丘《おか》の条）「天日槍命、韓国より度来（度り来て）」とするす。

アメノヒボコの伝承は『日本書紀』・『古語拾遺』・『新撰姓氏録』・『播磨国風土記』などにもあるが（第Ⅱ部第四章参照）、「帰化」の用語を好んで使った『日本書紀』は、天日槍の渡来についても、垂仁天皇三年三月の条では「新羅の王子天日槍来帰（まうけり）」と表記するが、それは「帰化」の語を意識した変形の表記であり、『古事記』や『風土記』の「参渡来」や「渡来」の表現の方がいわゆる「帰化人史観」にわざわいされていない表現であったことを物語る。

帰化の用例

『日本書紀』には「帰化」の用例（12）・「化帰」の用例（1）、あわせて13例がある。まずそれぞれについて検討することにする。

① 崇神天皇十二年三月の条の詔「海外までも既に帰化」
② 垂仁天皇二年是歳の条（一云）「伝に日本国に聖皇ますと聞いて帰化」（大加耶国王子）
③ 応神天皇十四年是歳の条「弓月君人矢百二十県を領《ひき》いて帰化」
④ 推古天皇三年五月の条「高麗の僧慧慈帰化」

⑤　推古天皇二十年是歳の条「百済人味摩之帰化」
⑥　推古天皇二十四年三月の条「掖玖《やく》人三口帰化」
⑦　舒明天皇三年二月の条「掖玖人帰化」
⑧　天武天皇十年八月の条の詔「帰化初年（三韓の諸人）、倶に来る子孫は、並に課役を悉《ことごと》く免ず」
⑨　持統天皇四年二月の条「新羅の沙門詮吉・級飡《きうさん》北助知ら五十人帰化」
⑩　持統天皇四年二月の条「帰化新羅の韓奈末許満《かんなまこま》ら十二人をもつて、武蔵国に居らしむ」
⑪　持統天皇四年五月の条「百済男女二十一人帰化」
⑫　持統天皇四年八月の条「帰化新羅人らをもつて、下毛野に居らしむ」

崇神天皇十二年の条や垂仁天皇是歳の条の分註に、早くも「帰化」という語がみえるが、これらの本文や分註の表現は、『日本書紀』の編集者らによって文飾され作為されたことを示すものである。①詔文は『漢書』（鴻嘉元年二月の条の詔文）によって文飾されているばかりでなく、「海外までも既に帰化」とする意識じたいが、〝日本版中華思想〟にもとづくものであった。②の分註（一云）は、意富加羅《おおから》国（大加耶国）の王子と伝える都怒我阿羅斯等《つねがあらしと》の越前敦賀への渡来にかんする記事で、その文に「日本国」とあり、「聖皇」としるすのも「日本国」の称が用いられてから後の表現によるものだし、また「聖皇」とあるのも儒教的な潤色による。

　それなら③以下の「帰化」の用例はどうか。そのすべてが、後に論述する古代法の「帰化」の意味や内容に合致するかというと、必ずしもそうではない。③の「弓月君」は百済の人と伝えているが、その「帰化」は「戸籍」に登録し、本貫（本拠地）を定めたものではない。たんに「渡来」したことをのべたものである。④高句麗僧慧慈の場合はより具体的で、その年に「渡来」してきたことを意味するにすぎない。なぜなら聖徳太子の師となり飛鳥寺（法興寺）に居住したこの高僧は、『日本書紀』も推古天皇二十三年十一月の条に「高麗慧慈国に帰りぬ」と「帰国」したことをのべているように、いわゆる「帰化」の人ではなかったからである。

この「帰化」と同義に用いられたものに「化帰」がある。たとえば次の用例がそうである。

⑬垂仁天皇三年三月の条（一云）「日本国に聖皇ますと聞きて、則ち己が国をもつて弟知古《ちこ》に授けて化帰」

この「化帰」は「帰化」と同語で、この例も天日槍《あめのひぼこ》（天之日矛）が「渡来」してきたことに関連する表現である。その文言にみえる「日本国」や「聖皇」の表現にも潤色のあとがいちじるしい。

この「帰化」12例・「化帰」1例のなかみをみて気づくのは、中国から渡来した人には全く「帰化」の用語を使わず、高句麗・新羅・百済・加耶の人びとが10例、掖玖《やく》（屋久島）の人が2例であり、一般的な用語が1例となっていることである。

化内と化外

中国を「大唐」としてあがめ「中華」の本家としたが、中国から日本をみれば日本は「東夷」である。しかし『日本書紀』の、「東夷」のなかの日本を、東夷のなかの「中国」とする日本版中華思想にもとづいて「帰化」・「化帰」の語を用いていたことがわかる。

朝鮮半島からの「渡来」の人びとをすなわち「帰化」とみなすその筆録の態度そのものが、天皇あるいは国家の教化が及ばないところを「化外」とし、「王化」を慕って「化外の人」は渡来したとみなした、王化思想にもとづくものであった。よって「帰化」を「マキオモムク」とよんだのである。

大宝元年（七〇一）に完成した「大宝令」に「化外」・「帰化」の規定があったことは、「大宝令」の注釈書ともいうべき「古記」（戸令の条）によってたしかめることができるが、「養老令」の注釈書である『令義解《りょうのぎげ》』が「教化の被《こうむ》らざる所、是化外となすなり」と明記する「化外」に対応して、「王化」を前提とする「帰化」が具体化をみたのである。

『日本書紀』が「帰化」と「渡来」とを混用している例は、「来帰」や、あるいは「化来」の用語にもみいだすことができる。

⑭　応神天皇十四年是歳の条「弓月君、百済より来帰」
⑮　応神天皇三十九年二月の条「新斉都《しせつ》媛（百済直支王の妹とする）、七の婦女を率て来帰」
⑯　雄略天皇十一年七月の条「百済より逃げ化来する者あり」
⑰　推古天皇十年閏十月の条「高麗の僧、僧隆、雲聡、共に来帰」
⑱　推古天皇十六年是歳の条「新羅人多く化来」
⑲　天武天皇十三年五月の条「化来の百済の僧尼及び俗、男女幷せて二十三人」
⑳　天武天皇十四年九月の条「化来の高麗人らに禄を賜うこと各差あり」

これらのほとんどの実態は「渡来」を意味していた。にもかかわらず、『古事記』が応神天皇の条に「新羅人参渡来」としるしたような「渡来」の語を、『日本書紀』はなぜさけているのであろうか。それは明らかである。『日本書紀』の編集者らは、「化内」・「化外」の王化思想によって、あえて「渡来」とは書かずに、「来帰」あるいは「化来」という表現を用い、そしてそれらはすべて百済・高句麗の人びとにきわめて意識的に使われていると考えられる。

3　帰化と蕃国視

「古代法」の帰化

ここで改めて「古代法」における「帰化」の意味と内容を検討したい。大宝元年に完成したと考えられる「大宝令」（戸令）には「化外の人帰化せば、所在の国郡、衣粮を給し、状《さま》を具《つぶさ》にして飛駅を発《た》てて申奏せよ」とある。

この令条の文が中国法にもとづいたものであることは、「唐令」（戸令）に「化外の人帰朝せば、所在の州鎮、衣食を給し、状を具にして省に送りて奏聞せよ」とみえるのによってもうかがうことができよう。その文言には若干の差異がある。とりわけ注目すべきは、「唐令」に「化外人帰朝者」とあるのを、わが令が「化外人帰化者」としるしていることである。「帰化」

という語が、日本の「古代法」により明確化することをみのがすべきではない。「帰化」の語は「大宝令」（戸令）の「没落外蕃条」にみえるが、「化外の奴婢」にかんする規定もまた「大宝令」に存在したことは、やはり「大宝令」の註釈書で天平十年（七三八）の「古記」によってたしかめることができる。「大宝令」や「養老令」（戸令）には「凡そ化外の奴婢、自ら来りて国に投ぜば、悉く放ちて良と為せよ、即ち籍貫に附けよ」とある。この「化外の奴婢」について「古記」は「主なく自ら来る奴婢をいふなり、家人も亦同じ」としるす。これらの人々は「良民」として「籍貫」すなわち戸籍と居住の本拠（本貫）に附されることになるわけだが、『令集解』にみえる法家の説（「穴」、「師」、「貞」記）などでは、暴風雨などによって渡来したものは官奴婢とする解釈のあったこともみおとせない。

投化とは

「帰化」と同義とされたものに「投化」がある。「養老令」（賦役令）には「外蕃之人投化せば十年を復《ゆる》せ、その家人奴、放たれて戸貫に附かば三年を復せ」と規定する。この令条の文は、「大宝令」（賦役令）にもあって、「その家人奴婢」となっている（養老令の「家人奴」は「家人奴婢」の「婢」の脱落と考えられる）。

この令条の文も唐令（賦役令）にあって、「外蕃人投化せば十年を復せ」とのべ、「夷狄新に招慰し、戸貫に附かば三年を復せ」と規定している。

令条にいう「投化」は、「化外の奴婢」について『令義解』が「投は帰なり」とし、さらに

「外蕃之人の投化」の条文について、『令義解』が「投化はなお帰化のごときなり」としているように、「投化」は「帰化」と同義に用いられていた。

したがって、『日本書紀』においても「投化」の用例が次のようにみえる。

㉑ 欽明天皇元年二月の条「百済人己知部《こちふ》投化」
㉒ 欽明天皇元年八月の条「秦人・漢人ら、諸蕃の投化者」
㉓ 欽明天皇二十六年五月の条「高麗人頭霧唎耶陛《づむりやへ》ら、筑紫に投化」
㉔ 持統天皇元年三月の条「投化高麗人五十六人」
㉕ 持統天皇元年三月の条「投化新羅人十四人」
㉖ 持統天皇元年四月の条「投化新羅の僧尼及び百姓の男女二十二人」
㉗ 持統天皇三年四月の条「投化新羅人」

『日本書紀』の編集者らが、「古代法」にいわゆる「投化」の観念にもとづいて、「投化」の語を用いていることは明らかである。

以上の検討によって「帰化」の語が、「欽化内帰」を意味して日本の「古代法」に明確化したものであること、そして「帰化者」・「投化者」の語が、「化外人」・「外蕃之人」と対句で登場することなどを、令の条文にそくして追認することができた。いわゆる中華思想にもとづく「帰化」の語は、『後漢書』の「帰化慕義」をはじめ、中国の古典にしばしばみえるが、それを日本風にアレンジして、「王化」を慕って「化外の人」や「外蕃の人」は渡来したとみなした「帰化」・「投化」の法意識が顕在化する。

　ここで『日本書紀』に記載する「帰化」の用例（①～⑫）および「化帰」の用例（⑬）、「来帰」・「化来」の用例（⑭～⑳）、さらに「投化」の用例（㉑～㉗）などをもう一度ふりかえってみる必要がある。誰の眼にも明らかなように、⑥・⑦の「掖玖人」を除いて、それらはほとんど朝鮮諸国の人びとに対して用いられている。にもかかわらず、前にも述べたとおり中国の人びとに対しては一例もない。これはいったいどうしたことか。

　そこには、朝鮮諸国を蕃国視した「古代法」の蕃国観にきわめて忠実であった『日本書紀』の姿勢が、見事に貫徹されていたことを確認することができる。

第Ⅰ部　渡来人の諸相

第一章　日本版中華思想

Ⅰ　「帰化者」の処遇

帰化人史観の克服

「大宝令」や「養老令」によれば、「帰化者」に対して「衣粮を給し」て「申奏」させ、ある一定の期間課役（調・庸・雑徭など）を免除することになっているが、それとても我を優として彼を劣とする「王民化」への処置であった。そして「自ら来る奴婢」・「家人」を「籍貫（戸籍と本貫）」・「戸貫」に附す処置をとる定めのあったことも令の条文にいう通りである。

「古代法」にいう「帰化」や「投化」の意味とその内容は、現代の「帰化」とはおもむきを異にしている。そこで現代の「帰化」と古代の「帰化」とは意味が違うのだから、古代において「帰化」という用語を使ってもよいとする意見がだされたりする。だがはたしてそうであろうか。

「古代法」において「帰化者」・「投化者」にある一定の期間課役免を認めることのあったことは事実だが、それは課役の体系が成立していることを前提としての「課役免」であった。令の条文によればその「課役免」も最大「十年」とするものであって、「十年」をすぎれば課役の負担者とされるのである。

したがって、『続日本紀』の天平宝字三年（七五九）九月の条のように「頃年《このごろ》、新羅帰化、舳艫《じくろ》断えず、賦役の苦を規（忌）避する」者も現われてくる。また「籍貫」・「戸貫」に附することも行なわれたから、天平勝宝九年（七五七）四月の条にみえるような「高麗、百済、新羅人ら、久しく聖化を慕ひて、来りて我が俗に附く、姓を給はむことを志願《ねが》はば、悉にこれを聴許す、その戸籍に、无（無）姓と族の字とを記すは、理において穏かにあらず、改め正すべし」と勅されるようになるのである。

『続日本紀』にみえる「帰化」の用例（九例）にも、「古代法」にいう「王化思想」が明らかに存在しているわけだが、「帰化」・「投化」の意味と内容が、「籍貫」や「戸貫」また「課役」と無関係に存在したものでないことは、前述の状況にも察知することができよう。

国家的な法秩序の存在しない段階に、いわゆる「帰化」や「投化」のありうるはずはない。「課役」や「戸籍」の成立しない以前に、具体的な「王民」化へのてだてもありえない。しかるに弥生時代や古墳時代の前半のころにも、「帰化人」という用語が無原則に用いられてきたのである。「帰化人」という言葉が、かつて特定の政治的意味をおびて、朝鮮差別や中国差別に利用されてきた、その歴史性・社会性ばかりでなく、その語を無限定に使うことじたいが歴史ばなれであり、非歴史的なのである。

問題は「帰化人」を「渡来人」と修正することのみで解決するわけではない。なんの疑いもなしに「帰化人」の語を用いてきた、日本古代史の姿勢やその史観そのものを、われら自らがおのれに問うべきではないのか。

さらにいえば、無原則に「帰化人」の語を用いる態度は、結果として『日本書紀』的な「帰化人史観」に通ずるものであり、古代支配層の王化思想を無批判に継承するものとならざるをえないのである。

王化思想の成り立ち

「帰化」「投化」の語は、「大宝令」に存在したことはたしかだが、そのような王化思想はいったいいつ成立したのであろうか。ここで想起するのは、『日本書紀』の天武天皇十年八月の条⑧の記事に関するつぎの文である。

「先の日に十年の調税を復《ゆる》すこと、既に訖《おわ》りぬ、またしかのみならず、帰化初年に倶《とも》に来る子孫は、並に課役を悉《ことごと》くに免《ゆる》す」

この文は「三韓の諸人」への「詔」としてみえるものである。「先の日」とあるのがはたしていずれの時であったかは、この限りでは明らかでない。この詔は「大宝令」（賦役令）にしるす「外蕃之人投化せば十年を復せ」の規定にもとづく、『日本書紀』編者の作為かもしれない。

しかし作為説でとけないのは、令の条文にみえない「調税」の語があり、また「帰化初年に倶《とも》に来る子孫は、並に課役を悉くに免す」とあることだけでない。持統天皇元年の三月・四月の条の「投化」記事㉔・㉕・㉖・㉗には「田賦《たま》ひ稟受《かてたま》ひて、生業を安からしむ」と、「投化」の内容にも言及しているからである。

天武天皇十年（六八一）・持統天皇元年（六八七）といえば、ともに「飛鳥浄御原令」施行以前である。「帰化」・「投化」の規定が「近江令」や「飛鳥浄御原令」にあったかどうか、それはさだかでないが、天武天皇・持統天皇の代のころに「調税免」の定めや「帰化」・「投化」の観念ができあがりつつあったことは推定可能である。

というのも、霊亀三年（七一七）十一月八日の太政官符（古代法の注釈を集大成した『令《りょうの》集解《しゅうげ》』の「古記」所引）には、次のようにのべられているからである。

「外蕃課役を免ずる事、高麗・百済敗る時の投化、終身課役倶《とも》に免《ゆる》す、自余《じよ》令に依りて施行せよ」と。「高麗・百済敗る時の投化」とは、六六三年（百済滅亡）、六六八年（高句麗滅亡、ただし新羅政府内に高句麗府は暫定的に存続した）のおりを指す。とすれば令の規定とは別に、そのさいの渡来者には「終身課役免」の措置がとられていたことになる。

「唐令」にならって十年の課役免を認めた「大宝令」以前に、こうした「投化」の処置がなされていたのである。

「帰化」・「投化」の思想が、「化外の人」・「外蕃の人」に対する王化思想を背景としたことは、これまでにもくりかえしのべてきたが、ここで留意すべきは、朝鮮諸国を「蕃国」視した観念との対応関係において、「日本国」の観念が成立したことである。

天皇という称号が明確に用いられるようになるのは、天智天皇七年（六六八）の「船王後墓誌銘《ふねのおうごのぼしめい》」にみえる「治天下天皇」以後であり、遅くとも天武朝には「日本」という国号と「天皇」という君主の称号が用いられていた（『倭国から日本国へ』文英堂）。それは百済や高句麗の滅亡という東アジアの激動のなかに、古代貴族や官僚たちがいだいた危機意識、それを背景とし、六七二年の壬申の乱を媒介により具体化した。

「大宝令」や「養老令」（公式令）においても、「日本天皇」の称は、大事を「蕃国使に宣する」際に用いられることとなっている。「日本」に対する「蕃国」の「古代法」における国際感覚をみても、日本という国号は対外的に用いられたものであったことがわかる（国内に対しては、大八洲天皇を用いることになっていた。ただし「明神御宇日本天皇」の称が、唐への国書に用いられたかどうかは、『令集解』に「まさに勘《かんが》ふべくして、この式に依らず」とのべるように疑問である）。こうして六七〇年以降の段階に「投化」・「帰化」という観念が古代の支配層の間にしだいに形づくられつつあったといえよう。

2　夷狄と蕃国と隣国

化外人の認識

「大宝令」の「化外」が「教化」のおよばざるところとする〝日本版中華思想〟にもとづくことはすでにのべた。それなら「大宝令」では「化外の人」を具体的にどう認識していたのか。

その点については、石母田正氏の「天皇と『諸蕃』」（『日本古代国家論』第一部、岩波書店）の業績がある。石母田説にいう「王民」の内容についてはなお検討すべき余地があると思うが、しかし律令制国家における対外意識が、(1)夷狄《いてき》、(2)蕃国、(3)隣国などの三類型の類別のなかに反映されていたことは、その指摘の通りである。

(1)夷狄とは「東夷北狄」の略語だが、「大宝令」（賦役令）にかんする「古記」では夷狄を「夷人雑類」とし、「毛人、肥人、阿麻弥《あまみ》人等の類」としている。「毛人」とは中国の古文献では東方の夷民を表わし、わが国では蝦夷《えみし》の例として用いられたものが多い。「肥人」は肥《くま》地域の人々であり、阿麻弥人は奄美地域の人々である。「古記」が「隼人・毛人、本土の夷人をいうなり」とするように、列島内部にあって「教化」にしたがわない人々を夷狄とみなしていた。

ただし夷狄のなかみには、石母田氏もいわれたように、列島内部のみに限らぬ場合がある。

たとえば「大宝令」（考課令条）にかんする「古記」では「朝聘之使《ちようへい》」が欠けている、つまり国家関係を前提としない居留外国人を指す。したがって「大宝令」（職員令）にかんする「古記」は「在京夷狄」について「堕羅・舎衛《しやえい》・蝦夷等」のほか「朝聘を除く外」の「在京唐国人等」も「皆夷狄の例に入る」としたのであろう。

(2)蕃国とは何か。これは朝鮮諸国を指して、別に外蕃とも称した。たとえば「大宝令」（公式令）にかんする「古記」は、「蕃国は新羅なり」と規定する。「大宝令」の完成した大宝元年（七〇一）、「古記」ができた天平十年（七三八）のころの朝鮮は統一新羅の段階である。そこに「蕃国は新羅なり」とあるのは、当時の朝鮮＝新羅を意味する。前述の「投化」の規定にふれたさい、「外蕃之人」という表現のあることについて言及したが、その「外蕃」について『令集解』（賦役令「穴」記）は「外蕃、高（高句麗）、百（百済）、新（新羅）等是なり」としている。渤海も「蕃国」視していたことは、遣唐使の大使より遣渤海使の大使の官位が低く、新羅よりも下にみなしたことは、たとえば『続日本紀』の宝亀十年（七七九）四月の条に記載する、平城京へ入る時新羅使が官命に馬上で答謝したのに対して、渤海使は下馬して「再拝儛踏」したとする例にもうかがわれる。

すなわち高句麗・百済・新羅らを「外蕃」とみなしていたのである。『日本書紀』にみえる「投化」の記事（㉑〜㉗）がことごとく朝鮮諸国の人々にかんするものであることも、「古代法」の外蕃意識を反映したものであったといえよう。

(3)隣国とは何か。「大宝令」（公式令）にかんする「古記」が「隣国は大唐」としたように中国を指す。そして隣国は別に「大宝令」（賦役令）の条文にみえるように「唐国」ともしるされていた。

「化外の人」を夷狄・蕃国（外蕃）・隣国（唐国）と類別したその対外意識にも、古代支配者層の朝鮮差別観は明らかである。朝鮮を「蕃（藩）国」とし、中国を「大唐」あるいは「隣国」とするその意識は、七世紀後半以後の支配者層における対朝鮮観の変貌を如実に示す。日本国にとっての「隣国」はいうまでもなく地理的にも朝鮮であった。にもかかわらず、新羅そして渤海を「蕃国」とし「外蕃」とするその対外意識には、中国を「隣国」とし、しかも「大唐」とする東夷のなかでの〝日本版中華思想〟があらわである。

「公式令」では「明神御宇日本天皇」を大事を「蕃国に宣する」時に用いると規定しているが、「養老令」の最古の注釈書である『令釈《りょうしゃく》』では蕃国に派遣する時や蕃国使が来日した時には「此式《このしき》を用い」、隣国（大唐）すなわち中国と交渉する場合は「別に勘《かんが》ふべし」とし、はっきり「此式に依らず」としている。

それならどのような天皇の国書を贈ったかが問題となるが、その明確な史料はない。ただ唐の玄宗皇帝のおりの宰相であった張九齢の文集（『張先生文集』）巻十二に、天平五年（七三三）の遣唐副使中臣子代《なかとみのこしろ》が帰国するさいの唐皇帝の「勅書」に「勅日本国王主明楽美御徳《すめらみこと》」とあるのが参考になる（『全唐文』巻二百八十七にも所収）。日本側の国書には「日本国王主明楽美御徳」としるされていたのではないか。

朝鮮を朝貢すべき「蕃（藩）国」とみなし、「大唐」を日本の朝貢すべき国とした、東夷のなかの「中華」日本としての古代支配者層の対外意識、その外交感覚は、遣唐使の押使・大使には四位相当の者をあて、遣新羅使の大使には五位・六位の者（七位の場合もあった）をあてるという実際の対外使節の官位にも反映されている（『古代貴族の国際意識』『日本古代国家論究』所収）。

そしてそのような朝鮮蕃国視は、「大宝令」以前にすでにきざしていたのである。『日本書紀』の持統天皇三年五月の新羅の弔使級飡金道那《きうさんこむどうな》らへの詔では、孝徳天皇の喪の告使には翳飡《えいさん》（新羅の官位第二）の金春秋が奉勅したのを、蘇判《さうかん》（第三）が奉勅したといつわり、天智天皇の喪の弔使には吉飡《きつさん》（第七）をもってしたという例をあげ、級飡（第九）の位の者を弔使としたのは無礼であると詰問している。

『日本書紀』の蕃国観

遣新羅使には遣唐使よりも下位の者をあて、新羅使に対しては高位の者を要求するその態度にも、「大宝令」にさきだって朝鮮を「蕃国」視していた観念が表出していた。しかもその詔には、「又新羅、元来奏して云《まう》さく『我が国は、日本の遠つ皇祖より、舳《へ》を並べて檝《かじ》をほさず、仕へ奉れる国なり』とまうす。しかるを今一艘のみあること、亦故典にたがへり」という。この詔文に「舳を並べて檝をほさず」とあるのは、『日本書紀』の神功皇后新羅征討説話（摂政前紀）に新羅王の言として記載する、「船柂《ふねかじ》ほさず」と一致する。いわゆる神功皇后新羅征討説話に「新羅の王、常に八十船の調を以て日本国に貢す、それ是の縁《えにし》なり」と描くその「蕃国観」が、こうした七世紀後半の朝鮮蕃国視を前提としたものであったことも、改めて注意すべき点であろう。

事実、『日本書紀』には、「蕃国」（顕宗天皇元年・継体天皇二十三年・欽明天皇十六年の各条）、「西蕃」（神功皇后摂政前紀・同四十九年・同五十一年・欽明天皇十三年の各条）、「諸蕃」（清寧天皇三年・同四年・継体天皇二十三年・欽明天皇元年・同十四年・同二十三年・天武天皇五年・持統天皇二年・同五年の各条）、「蕃屛」（継体天皇六年の条）、「蕃女」（継体天皇二十四年九月の註）、「蕃神」（欽明天皇十三年の条）、「蕃」（継体天皇五年・敏達天皇三年・崇峻天皇即位前紀の各条）などと、「蕃国」・「諸蕃」をはじめとする用例が頻出する。そしてそのほとんどが朝鮮諸国に対して用いられている。したがって「投化」の記事においても、欽明天皇元年八月の条（㉒）のように「秦人・漢人ら、諸蕃の投化者」などと記述するのである。

王化思想の所産である「帰化」・「投化」を意識的に用い、「蕃国」観をはっきりと投影した『日本書紀』にしるす日朝関係史を主軸に、朝鮮関係の史籍や金石文を解釈するその立場は、その根底において問い直す必要のあることは多言するまでもない。

『日本書紀』の対朝鮮観が、いかに八世紀中葉以後、とりわけ近世・近代の日本思想の動向にすさまじい暗影をなげかけたか。それを想うにつけても、『日本書紀』的「帰化」人史観のゆがみをただすことは、今日の善隣友好の課題にかかわっていることを痛感する。差別の問題はけっして過去の問題としてのみ存在するのではない。いまもなおわれらの問題でもある。

3　日本国号の具現

日本国の上限と下限

ここで改めて日本国号と天皇という君主の称号がどのようにして具現してくるかをかえりみることにしよう。

平成十六年（二〇〇四）の十月、中国陝西《せんせい》省西安《せいあん》市の西北大学が日本の遣唐留学生「井真《いのま》成《なり》」の墓誌を発見したと発表した。西安市北部の工事現場で見つかったこの墓誌石は、西北大学博物館が収蔵し、検討を加えたうえで公にして、内外の注目を集めた。墓誌蓋を伴うこの墓誌は、ほぼ正方形で一辺の長さは約三九・七センチ、厚さ一〇センチであり、墓誌蓋に四行十二字、墓誌に十二行・百七十一字が刻まれていた。そしてその墓誌には、遣唐留学生「井真成」が開元二十二年（七三四）正月に三十六歳で亡くなり、玄宗皇帝がその死を悼んで「尚衣《しょうい》奉御《ほうご(ぎょ)》」の職を贈ったことがしるされていた。

舒明《じょめい》天皇二年（六三〇）から承和五年（八三八）におよぶ遣唐使は、十五回（そのうち迎入唐使一回、送唐客使二回）派遣されているが、その多くは四隻の船に乗船して入唐し（一隻一回、二隻五回）、一隻平均百二十人前後で、最大は六百余名を超えた。しかし遣唐使の行動は、ほとんど高官・高僧しか記録に名を留めず、入唐した人びとのなかでは、羽栗臣吉麻呂《はぐりのおみよしまろ》や、その吉麻呂と唐の女性の間に生まれた羽栗臣翼《つばさ》や翔《かける》のような人物の活躍が史料にみえるにすぎない。したがって、このたびの「井真成」の墓誌は貴重であり、阿倍仲麻呂《あべのなかまろ》や藤原清河《きよかわ》をはじめとする異国に没した遣唐使のありし日を偲ぶ資料としても見逃せない。さらに、この墓誌には「国号日本」とあり、「日本」という国号が開元二十二年までに使われている確実な初見とする研究者の見解もあった。

しかし「日本」という国号が、大宝元年（七〇一）にできあがった「大宝令《たいほうりょう》」にすでに用いられていたことは、その「公式令《くしきりょう》」の詔書式《しょうしょしき》に、「大事を蕃国使《ばんこくし》に宣するの辞」として「明神《あきつかみと》御宇《あめのしたしらす》日本天皇詔旨」と規定してあるのを見ても明らかである。したがって、大宝元年に遣唐執節使（代表）に任命されて翌年に入唐した粟田朝臣真人《あわたのあそみまひと》が、『続日本紀』の慶雲元年（七〇四）七月の条に「日本国使」を名乗ったことを明記し、そのおりの遣唐留学僧であった僧弁正の「唐に在りて本郷を憶《おも》ふ」の詩が『懐風藻《かいふうそう》』に収められており、「日辺《にっぺん》日本を瞻《み》、雲裏《うんり》雲端《うんたん》を望む」と詠じているのも偶然ではない。

大宝二年入唐の遣唐少録であった山上憶良《やまのうえのおくら》が、大伴旅人《おおとものたびと》の妻の死を悼んで、「日本挽歌」を歌っているのも参考になる（『万葉集』七九四）。

それなら「日本」という国号は、いったいいつごろから使われるようになったのであろうか。『隋書』東夷《とうい》伝《でん》倭国の条に、大業三年（六〇七、推古十五年）の国書に「日出づる処《ところ》の天子、書を日没する処の天子に致す」とあるのを、日本の用例とみなす説もあるが、それは尚早の見解である。推古朝に「日出づる処」とする意識のあったことは認められるとしても、これをもって「日本」の国号を名乗った確実な例とすることはできない。

「日本」という国号の明確な史料としては、『旧唐書《くとうじょ》』東夷伝倭国の条に「日本国は倭国の別種なり、その国日辺に在るを以て、故に日本を以て名と為す。或ひは曰く、倭国自らその名雅《みや》びならざるを悪《にく》み、改めて日本と為す」とあるのが注意される。しかし日本という国号がいつごろから使われたかについては、なんら言及されていない。『旧唐書』についで注目されるのは、『新唐書《しんとうじょ》』東夷伝日本の条である。そこには咸亨元年（六七〇）に「使を遣はして、高麗（高句麗）を平《たい》ぐを賀す、後稍《のちやや》（やや後）夏音《かおん》（中華の音）に習ひ、倭の名を悪《にく》み、更《あらた》めて日本を号す、使者自ら言ふ、国日出づる処に近し、以て名と為す」と記載する。この咸亨元年の遣唐使は、『日本書紀』の天智天皇八年（六六九）是歳の条にしるす河内直《かわちのあたい》鯨《くじら》を代表とする一行であり、翌年に入唐した。

この『新唐書』の文によれば、咸亨元年（天智天皇九年）から「後稍」に日本という国号を用いたことになる。この『新唐書』などの所伝をうけて、『三国史記』の新羅本紀文武王十年（六七〇）十二月の条には、「倭国更めて日本を号す。自ら言ふ、日出づる所に近し、以て名と為す」とのべている。

こうした史料によって、日本国の具体化の上限は六七〇年であり、その下限は七〇〇年ということを見定めることができる。

『日本世記』と祢軍墓誌

日本という国号が天智天皇九年（六七〇）から大宝元年（七〇一）までの間に使用されたことを、もっと詳細に見きわめることができないか。その点を考える際に参考となるのは、『正倉院文書』のなかの天平二十年（七四八）の「書写所目録」にみえる「帝紀二巻日本書」である。この「日本書」を『日本書紀』の天武天皇十年（六八一）三月の条にしるす川島皇子をはじめとする十二名に「帝紀及び上古の諸事の記定」と関連づけて、その「帝紀」をこの「日本書」とみなす説がある（折口信夫「日本書と日本紀と」、『折口信夫全集』第一巻、中央公論社）。留意すべき仮説だが、この説を裏づける確かな証拠はない。

ここで改めて浮かび上がってくるのが、高句麗僧の道顕《どうけん》が著した『日本世記《にほんせいき》』である。この『日本世記』は『日本書紀』の斉明天皇六年七月の条、同七年四月の条、同年十一月の条、天智天皇八年十月の条に引用されており、天智天皇即位前紀十二月、同元年四月の条にはその道顕の言葉がみえている。即位前紀十二月の条には「釈道顕云《い》はく」として「春秋の志《こころ》と言ふは、正《まさ》に高麗に起れり、而《しこう》して先《ま》づ百済に声《きか》しめむとす、百済、近《このごろ》、侵さるること甚しく苦《くるし》念ぶ、故《かれ》、爾《しか》いふといふ」と註記し、同元年四月の条には「釈道顕占《うらな》ひて曰く「北国の人、南国に附かむとす、蓋《けだ》し高麗破れて日本に属《つ》かむか」といふ」と本文に記述する。これらの道顕の言葉も、その著『日本世記』にしるされていた文にもとづいたものと考えられる。

道顕の言葉については、藤原仲麻呂がまとめた『家伝《かでん》』（上）（『大織冠＝藤原鎌足伝』）にもあり、また藤原（中臣）鎌足の長男であった貞慧《じょうえ》（貞恵）が二十三歳で亡くなったおりに（六六五年）、誄詞《しのびごと》を献じたことが記載されている。これらの史料によって道顕が鎌足と深いつながりをもっていたことが察知されよう。

書名に「日本」を冠しその言に「日本」がみえる道顕の『日本世記』は、いつごろまとめられたのであろうか。その年次は不詳だが、鎌足が薨《こう》じた天智天皇八年（六六九）以後、天武朝には確実に存在した記録と思われる。ここで参照すべきは、『日本書紀』の天武天皇三年（六七四）三月の条に、九州の対馬で産出した銀を朝廷に献上したことをしるして、「凡《およ》そ銀の倭国にあることは、初めて此《こ》の時に出《み》えたり」とのべている記事である。この「倭国」はいわゆる「日本国」に相当するが、天武天皇三年の記述に「倭国」とあるのは、六七四年のころの原史料にはまだ「日本国」は使われず、倭国と称されていたことを示唆する。とすれば、「日本国」の登場は、六七四年以後の天武朝であったと考えられる。道顕の書も天武天皇三年以後にまとめられた可能性がある。

近時注目されている墓誌に中国陝西省西安市で出土したという百済人祢軍《でいぐん》の墓誌がある。その銘文には「日本余噍《よしょう》」としるす。「余噍」とは残党を意味し、祢軍は六六三年の白村江の戦いのおりに唐軍に投降し、唐の官僚となった人物であった。

天智称制四年（六六五）に唐の使者のひとりとして渡来したことが『日本書紀』にみえている。没年は儀鳳三年（六七八）で、墓誌も同年のものである。この「日本」は中国からみて東方と意味する表現で、この場合は百済をさすとする説が有力だが、かりに「日本国」の用例であったとしても、けっして最古ではなく、日本でいえば天武天皇七年にあたる墓誌であって、天武天皇七年以前の「日本国」の登場よりは遅れるといってよい。
それなら、その「日本国」の君主としての「天皇」号はいつごろから使われるようになったのか。

船王後墓誌

天皇の語の由来については、北極星を神格化した道教の「天皇大帝《てんこうたいてい》」であるとみなす説が有力だが、中国では六世紀後半になると道教の最高神である原始天尊が具体化して、唐の高宗《こうそう》が上元元年（六七四）に「皇帝」を「天皇」に改め、則天武后《そくてんぶこう》が「天后」を称するというような一時的状況も形づくられた。

天皇を君主の称号として使いはじめた例として、私がかねがね注目してきたのは、大阪府柏原市の松岳山の山頂から出土した「戊辰年十二月、松岳山上に殯葬す」とある「船王後墓誌《ふねのおうごのぼし》」である。戊辰年は天智天皇七年（六六八）に相当する。その「墓誌」には船王後が王智仁（王辰爾）の孫である那沛故《なはこ》の子であることをしるす。王智仁は『新撰姓氏録』（右京諸蕃）の船連の条や『続日本紀』の延暦九年七月十七日の条に百済王仁貞・津連真道らが上奏している文にみえる「智仁君」・「王辰爾」のことで、事実上船連の祖とあおがれた人物である（第Ⅰ部第四章参照）。

問題は船王後が「乎娑陀《おさだ》宮治天下　天皇」（敏達《びだつ》天皇）、「等由羅《とゆら》宮　治天下　天皇」（推古天皇）、「阿須迦《あすか》、治天下　天皇」（舒明天皇）の朝に奉仕して「官位大仁」を賜ったとのべ、「阿須加天皇の末、歳は辛丑に次る十二月三日庚寅に殯亡《やど》す」と記載している点にある。そして墓誌は夫人の安理故能刀自《ありこのとじ》と合葬し、大兄刀羅古首《とらこのおびと》の墓と並んで作ったと。

この天智天皇七年の船王後の墓誌には「治天下　天皇」が三か所、「天皇」が二か所みえており、「天皇」の用例としてはきわめて注目すべきものとなっている。ところがこの「官位」を「官《つかさ》」と「位《くらい》」と解釈するのはいかがなものであろうか（一一二頁述参照）。「治天下　天皇」の表記も「大宝令」の「御宇」・「御」のさだめ以前であり、私見では「船王後墓誌」は「天皇」の用例とみなしてよいと考えている。船氏が墓域を明示するために追葬したとみなしうるあかしも、墓誌にはみえない。「近江令」を定め「庚午年籍《こうごねんじゃく》」（六七〇年）によって民衆を掌握した天智朝に「天皇」が使われていた可能性は高い（第Ⅰ部第四章参照）。

日本天皇の登場

昭和五十九年（一九八四）に奈良県明日香村の飛鳥浄御原宮《あすかきよみはらのみや》跡から出土した木簡《もっかん》（削片）に「大津皇（子）」とあり、天武朝に「皇」の用字のあったことが確かめられていたが、平成十年（一九九八）に明日香村飛鳥池遺跡から「丁丑年《ひのとうし》（天武天皇六年）」の木簡と共に「天皇聚露《てんのうしゅうろ》」の木簡が見つかって、遅くとも天武朝には「天皇」の用字のあったことが確実となった。

このようにみると、「日本国」と「天皇」の登場の画期としては、天智・天武期のありようが大きく浮かびあがってくる。そして天武朝にでき、持統朝に実施された「飛鳥浄御原令」にも「日本天皇」の用語が使われていた可能性が濃厚となった。

わが国古代法の「儀制令」の天子称号の条には、天子・天皇・皇帝・陛下・太上天皇・乗《じよう》輿《よ》・車駕《しやが》の規定がある。そして条文は「天子」を「祭祀に称する所」、「天皇」は「詔書に称する所」、「皇帝」は「華夷《かい》に称する所」、「陛下」は「上表（上表文）に称する所」、「太上天皇」は「譲位の帝に称する所」、「乗輿」は「服御《ふくご》に称する所」、「車駕」は「行幸に称する所」と定めている。

この規定が唐の「儀制令」を参考にしていることは、唐の「儀制令」にある「皇帝天子」が「夷夏通称《いかつうしよう》」、「陛下」が「対敭《たいよう》、咫尺《しせき》、上表通称」、「至尊」が「臣下内外通称」、「乗輿」が「服飾に称する所」、「車駕」が「行幸に称する所」と規定しているのを見てもわかる。唐の「儀制令」には「皇帝天子」とあるのを、日本の古代法は「天子」と「皇帝」に分け、またわが国の古代法には、「至尊」の称号はなくて、「天皇」および「太上天皇」の称号をあげているのが注目される。

「皇帝」の称号は中国の天子が絶えず使用しているところである。中華の東方に位置する東夷の日本の天子が、「夷夏通称」の「皇帝」を用いているのを、不思議とする意見があるかもしれない。「唐令」の「夷夏通称」を日本令では「華夷所称」と表現するが、この「華・夏」は中華の「華・夏」であり、「夷」は「夷狄《いてき》」の「夷」である。東夷のなかの日本国であるけれども、東夷のなかの中華であるとする日本版中華思想にもとづいての「皇帝」であった。しかし実際には「皇帝」のたしかな八世紀の用例は、『古事記』の「序」の「皇帝陛下」（元明天皇）と「大雀皇帝《おおさざき》」（仁徳天皇）と『続日本紀』天平神護二年（七六六）六月の百済王敬福《きようふく》薨伝の「聖武皇帝」である。唐の長孫無忌の「進五経正義表」・「進律疏議表」に倣って、太安万侶が『古事記』の序を書いているが（『私の古代史』上巻、新潮社）、おそらく中国の上表文の「皇帝」の用例にもとづいたのであろう。人によっては『続日本紀』の天平宝字七年（七六三）正月十七日の条にみえる高麗（実は渤海）大使の言上に「聖武皇帝」とあるのをあげるかもしれないが、これは中国の皇帝をたたえての表現であって、日本の例とはしがたい。

日本は「中国」

日本の律令政府が日本版中華思想を背景とする内政や外交を行ったことは、

①『続日本紀』の文武天皇三年（六九九）七月十九日の条に、「多褹《たね》（種子島）、夜久《やく》（屋久島）、菴美《あまみ》（奄美大島）、度感《とかん》（徳之島）等の人、朝宰に従ひて来り方物を貢ず、位を授けて物を賜ふに各差あり、その度感嶋の中国に通ずること、是に始まる」と書き、

②また養老六年（七二二）四月二十五日の「太政官奏」に「是を以て聖王制を立て、亦《また》務めて辺りを実するは、蓋《けだ》し中国を安むずるを以てなり」と記載するのにもうかがわれる。

この「中国」は唐ではなくて日本国を指す。したがって、『続日本紀』の霊亀元年（七一五）九月二日の詔に「華夏載佇《さいちょ》としるし、また延暦九年（七九〇）五月五日の陸奥《むつ》国の解文《げぶみ》（上申文書）に「華土」とのべるのである。この「華夏」も「華土」も日本国を意味していた。

こうした日本版中華思想は、新羅のみならず、渤海をも「蕃国」視する外交関係を形づくるようになる。前述したように、『続日本紀』の宝亀十年（七七九）四月二十一日の条を読むと

新羅使が平城京に入る時には、「蕃客」を迎える役人が宣命を告げて、馬上で答礼の挨拶をしたのに、渤海使は下馬して再拝儛踏したことがわかる。

そして中国の唐使を「大唐」の使節として特別に対処したことは同年五月二日からはじまる唐使との「朝見」をはじめとする饗宴・賜物のありようをみてもわかる。

渡来の人びと

日本列島へ渡来してきた人は、鹿児島県の南、屋久島をはじめとする南西諸島の人びともあれば、五度の渡航に失敗して、天平勝宝五年（七五三）に漸く沖縄を経て薩摩に渡来してきた唐の高僧鑑真和上（『唐招提寺』毎日新聞社で詳述）をはじめとする中国人たちもあった。

しかし渡来人で圧倒的に多かったのは、朝鮮半島の高句麗・新羅・百済・加耶の地域からの人びとであった。

そのことは、『新撰姓氏録』の五畿内（左京・右京・山城・大和・摂津・河内）の千百八十二の氏族の系譜におい

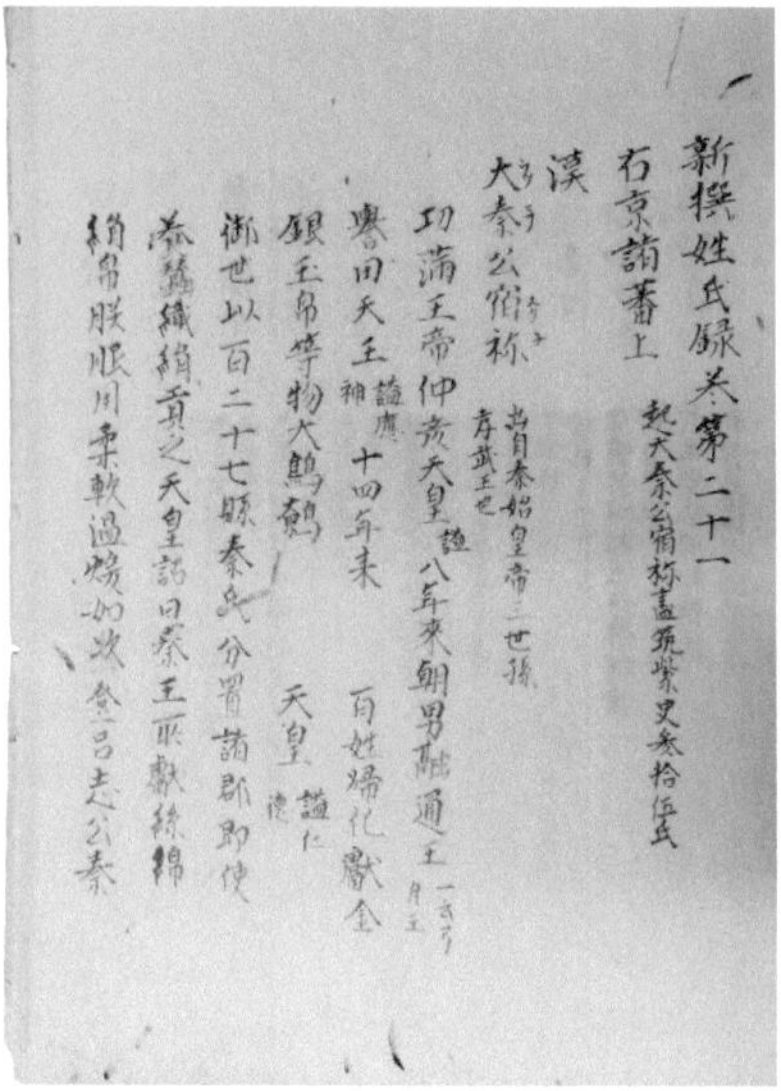
新撰姓氏録巻第二十一
右京諸蕃上
漢
太秦公宿祢
功満王帝仲哀天皇八年来朝男融通王
誉田天皇十四年来 百姓帰化献金
銀玉帛等物大鷦鷯天皇
御世以百二十七県秦氏分置諸郡即使
養蚕織絹貢之天皇詔曰秦王所献絲綿
絹帛朕服用柔軟温煖如肌膚

『新撰姓氏録』（著者所蔵）

ても、諸蕃のなかで多くを占めたのは百済・高句麗・新羅・任那（加耶）の人びとであったのをみてもわかる。たとえば「左京諸蕃上」の「漢」とする太秦宿禰や秦忌寸などはすべて新羅系であり、武生宿禰・桜野首などは百済の王仁の子孫であって百済系であった。にもかかわらず『姓氏録』じたいが中国を「大唐」とする中華思想にもとづく分類をしており、「左京諸蕃上」の氏族三十五氏はことごとくを漢とした。そして「左京諸蕃下」から百済十四氏・高麗十五氏・新羅二十三氏が加わり、「右京諸蕃下」では百済十四氏・高麗十五氏・新羅四氏、「右京諸蕃上」では秦忌寸四氏・秦人《はたびと》一氏などを「漢」とするような矛盾の区分をまじえながらすべて「漢」とし、「右京諸蕃下」では百済四十六氏・高麗九氏・新羅三氏を列挙する。

「山城国諸蕃」でも「漢」のなかに秦忌寸《はたのいみき》二氏・秦冠《はたのかんむり》一氏などをこれまた「漢」とする錯誤を加え、百済六氏・高麗五氏・新羅一氏・任那一氏とする。「大和国諸蕃」では百済六氏・高麗六氏・新羅一氏・任那二氏、「摂津国諸蕃」では百済九氏・高麗三氏・新羅一氏・任那一氏、「摂津国諸蕃」においても秦忌寸や秦人を「漢」の分類に入れており、百済九氏・高麗三氏・新羅一氏・任那三氏を連ねる。「河内国諸蕃」でも漢のなかに秦宿禰一氏・秦忌寸一氏・秦人一氏・秦公《はたのきみ》一氏などを加えるこじつけをしているが、それでも百済十五氏・高麗三氏・新羅一氏をあげ、「和泉国諸蕃」では百済八氏・新羅一氏を収める。

『新撰姓氏録』が「漢」と分類する氏族には、朝鮮半島からの渡来系氏族がかなり加えられていてその実数は疑わしいが、にもかかわらず百済・高麗・新羅・任那からの渡来系の人びとがかなりの数を占めていたことがわかる。

海外から渡来してきた有名な人物にはたとえば唐招提寺の開山であり、わが国における律宗の開祖であった唐の鑑真《がんじん》和上（『唐招提寺』毎日新聞社で詳述）、あるいは天平勝宝四年（七五二）四月の東大寺大仏開眼の開眼師となった天竺（インド）のバラモン僧菩提僊那《ぼだいせんな》や林邑（ベトナム）の僧仏哲《ぶってつ》（仏徹とも書く）など（『大仏開眼』文英堂、『古代からの視点』ＰＨＰ研究所で言及）、さまざまな人びとがあった。

しかし本書においては日本列島へ渡来した人びとのなかで、もっとも多数となった百済系・加耶系・新羅系・高句麗系の人びとを中心に考察することにしたのには、それなりの理由があってのことである。

第二章　秦氏の活躍

Ⅰ　深草秦氏の登場

渡来の四段階説

朝鮮半島をはじめとする東北アジアの人びとが、日本列島に渡来してきたピークとなる時期を、『帰化人』では次の四つの段階に分けて考えた。

第Ⅰ期段階は弥生時代の前後であり、第Ⅱ期段階は応神・仁徳朝を中心とする五世紀の前後、第Ⅲ期段階は雄略朝を中核とする五世紀後半から六世紀の前半、第Ⅳ期段階は白村江の戦いにおける敗北が中心となる七世紀の後半という、いわゆる渡来の四段階説がそれである。もちろんそれ以外の時期にも渡来してきた人びとはいたが、もっとも渡来のうねりが高くて人数が多かったのがこの四段階であった。『日本書紀』ではⅢ・Ⅳ期の渡来人を「今来《いまき》の才伎《てひと》」などとよんでいるが、とすればそれ以前の渡来者は「古渡《こわたり》」の人びとということになろう。

そして『帰化人』では新羅系の秦氏《はたうじ》、百済・加耶系の漢氏《あやうじ》、高句麗系の高麗《こま》（狛）氏《うじ》のそれぞれにそくして、古代日本の歴史と文化の発展にいかに大きな役割を果たしたかを論述した。

基本的な考え方は今も変える必要はないと思っているが、考古学の発掘調査の成果はもとよりのこと、私自身の見解もさらに深まったので、それらを含めてまず秦氏を考察することからはじめてみよう。

秦氏は新羅系

新羅系の秦氏については、『新撰姓氏録《しんせんしょうじろく》』（左京諸蕃上）に「太秦公宿禰《うずまさのきみのすくね》」の出自を「秦始皇帝の十三世孫孝武の後也」と記載する。これらの記事によって、秦氏は中国の秦始皇帝の子孫とする説が、かつては有力であった。これは日本版中華思想にもとづいて、「大唐」中国の秦王朝とハタ氏の秦とを関連づけ、その祖先を中国に求めて権威化する誇示意識によるものであった。

もっとも新井白石が『古史通或問《こしつうわくもん》』で秦氏を辰韓（のちの新羅）に移住してきた秦人とみなしたような説もあるが、大同二年（八〇七）に斎部広成《いんべのひろなり》がまとめた『古語拾遺』が「秦の字を訓《よ》みて、之を波陀《はだ》と謂《い》ふ」とし、『新撰姓氏録』が「姓を波多《はた》と賜ひき」と書くように、「秦氏」の「秦」は「ハタ（ハダ）」のあて字であって、秦氏の直接のふるさとを中国とするわけにはいかない。

問題は「ハタ」をどう解釈するかである。秦氏のなかには実際に織物に関係した者もいるので機織《はたおり》の機《はた》であるとか、サンスクリット（梵語）では絹布をハタとよんだのに由来するとか、さまざまな説がある。

朝鮮語では海のことをパタというので、海を渡って来た人たちだからとする朝鮮語説や古代朝鮮語の語形をもっとも多くとどめている済州島では、「ハタ」は「多」・「大」の意味をもつとする説もある。

「ハタ」を名乗る氏族には波多朝臣・波多造・波多君・羽田朝臣などがあって、「ハタ」の秦氏のみではないとみなす見解もあるが、『新撰姓氏録』（右京皇別上）に波多朝臣と波多八代宿禰を『新撰姓氏録』（左京皇別上）の皇別にあげるとおり、これらのハタ氏は渡来系ではない。

一一四五年に高麗の金富軾《きむふしよく》が編纂した『三国史記』（地理志）には、慶尚北道の「波旦県」がみえる。これに注目したのが鮎貝房之進説で（『雑攷・第二輯』下巻、朝鮮印刷）、秦氏の「ハタ」の起源を新羅の古地名波旦に求めた。しかし『三国史記』の成立は日本でいえば平安時代末期であり、私自身は『帰化人』（中公新書）ではハタ（海）説を支持した。

ところが一九八八年の三月に、韓国慶尚北道蔚珍郡竹辺面鳳坪里で、甲辰年《きのえたつ》（五二四）の新羅古碑が、地元の農民・権さんによる耕作中にみつかった。そこには新羅六部や王以下の高官が、蔚珍地域の住民を徴発したこと、「奴人法」や「殺牛」のまつりを行ったことなどをのべられており、その碑文には古地名「波旦」も明記されていた。

私はこの碑文発見の報に接して、日本人ではもっとも早く現地へおもむいて碑石と碑文を確認したが、今では鮎貝説に賛同している。

渡来の時期

ところで秦氏の祖先の人びとはいつごろ日本列島に渡来してきたと古文献は伝えているのであろうか。『古事記』では応神天皇の条に「秦造の祖、漢直《あやのあたい》の祖」らが「参渡り来つ」と書くのみであり、『日本書紀』では応神天皇十四年是歳の条に、秦氏の祖とする「弓月君《ゆづきのきみ》百済より来帰」としるし、「人夫《たみ》百二十県」を率いて「帰化」とのべる。しかし「人夫」は新羅人にさえぎられてすべて加羅《から》国に留められたので、葛城襲津《かつらぎのそつ》彦《ひこ》が派遣されて、応神天皇十七年の八月（十六年是歳の条のつぎにこの八月の記事を載せるが、応神天皇十四年是歳の条には「三年」を経てとあるから、原伝承はおそらく十七年八月の条であったと考えられる）に襲津彦とともに、「弓月の人夫」が渡来したと記述する。

この弓月君を秦氏の祖と位置づけているのは『新撰姓氏録』である。すなわち前掲の太秦公宿禰の系譜には融通王（一に云はく弓月王）が応神天皇十四年に、百二十七県（百二十県ではない）を率いて「帰化」と記載し、仁徳天皇の代に、百二十七県の秦氏を諸郡に分置したと書く。こうした伝承は、山城国諸蕃の秦忌寸の系譜に「太秦公宿禰と同祖、秦始皇帝の後なり、功智王、弓月王、誉田天皇（諡は応神）十四年に来朝、表《たてまつ》を上りて、更に国に帰りて、百二十七県の伯（百）姓（人夫ではない）を率いて帰化」とか、右京諸蕃の秦忌寸の系譜に「太秦公宿禰と同祖、功満王三世の孫秦公酒《はたのきみのさけ》の後なり」とかの所伝にもみいだされる。

『古事記』が「参渡来」と書くのに、『日本書紀』や『新撰姓氏録』は「帰化」と表現しているのもみのがせないが、『日本書紀』や『新撰姓氏録』の伝えに潤色のあることは、すでに『帰化人』でも指摘したとおりである。

『古事記』の伝承が素朴でかえって原伝承に近く、新羅・百済からの渡来伝承のなかに秦造の祖先の渡来を位置づけ、『日本書紀』もまた朝鮮半島南部からの渡来としている点は共通している。そしてその渡来の時期は、第Ⅱ期の段階の五世紀前後ころであろう。

秦大津父と馬の文化

秦氏といえば京都の深草や葛野の秦氏が有名だが、その渡来の時期を示唆するのは、近時における発掘調査の成果である。まず注目されるのは宇治市街遺跡下層から多数の韓式土器がみつかり、その年代は四世紀末から五世紀と推定されており、また巨椋池東南岸から古墳時代中期の技術変革をもたらしたと考えられる朝鮮半島からの渡来人移住の跡が検出されている。京都市の伏見深草遺跡からは弥生時代の柄が付いたままの木鍬が出土して話題をよんだが、古墳時代中期になるとその農耕技術は大きく変化し、V字形刃先を装着した風呂鍬《ふろぐわ》ならびに畜力耕具としての馬鍬《まぐわ》が登場する。これは四世紀末から五世紀のころに渡来した人びとが秦氏としてあらたにもたらしたものと考察されている（上原真人「『お稲荷さん』よりも昔の稲作」『朱』五一号）。

ここで注目されるのは『日本書紀』の欽明天皇即位に収録するつぎの記述である。古文献にみえる伏見深草を本居とする秦氏にかんする史料である。その伝承によれば「山背国紀郡深草里」の人として深草の秦大津父《はたのおおつち》が登場する。大津父は「馬」に乗って伊勢へ旅をし、「商価（交易）」している富豪として描かれ、天国排開広庭尊《あめくにおしひらきひろにわのみこと》（欽明天皇）の寵愛をえて大いに富み栄えたという。そして広庭尊が即位するにいたって（欽明天皇即位後）、「大蔵省《おおくらのつかさ》」の官人になったと伝える。この「大蔵省」とは『古語拾遺』の雄略天皇の条にしるす大蔵に相当し、国の財政にかかわる蔵部《くらべ》（貢物・出納の管理などにあたる官人）を意味すると思われる。

　朝鮮半島南部の東側の新羅《しらぎ》をその直接のふるさととする秦氏が居住した深草の地域は、発掘調査によって弥生時代中期には農業をいとなむ人びとのくらしがはじまっていたことが明らかになっており、そして四世紀末から五世紀の段階になると、韓式土器を残した渡来の人びとが宇治市のあたりに居住し、さらに深草あたりへと勢力を伸張させたと推定されている。

　そして前述したように馬を用いた農耕が行われており秦大津父の馬を使用しての交易の物語は、そのような文化を背景にしたと考えられる。

　したがって深草には朝廷ゆかりの屯倉《みやけ》が設けられていた。皇極天皇二年（六四三）十一月、聖徳太子（廐戸皇子）の嫡子山背大兄《やましろのおおえ》皇子が、蘇我入鹿らによって斑鳩宮を包囲され窮地におちいって、生駒山にのがれたが、そのおり三輪文屋君《みわのふみやのきみ》が山背大兄皇子に「深草屯倉におもむき、ここより馬に乗りて東国に詣《いた》り、再起することを進言したと『日本書紀』が伝えているのも興味深い。その地は深草秦氏の本拠地であり、秦大津父の馬による伊勢との交易のエピソードにうかがわれるように、はっきりと馬の文化が存在していた。

『日本霊異記』中巻第二四話に、楢《ならの》（奈良）磐嶋《いわしま》が馬と船によって越前の敦賀で交易している説話も参考になる。

大阪府の寝屋川市の地域にも秦氏の勢力があって、秦・太秦《うずまさ》の地名があり、五世紀後半から六世紀はじめにかけての太秦古墳群にもそのありようが反映されている。北河内には馬の牧《まき》があって、実際に数多くの馬の埋葬例が検出されている。

深草秦氏の勢力が、六世紀に入って京都市右京区西南部から西京区東北部の嵯峨野・嵐山の地域にひろがっていったことは、大型古墳や群集墳の築造などにもうかがわれるが、あわせて北河内の秦氏とのつながりにも注目する必要がある。

馬の文化は交通・軍事ばかりでなく、農耕や交易にも寄与したが、新しい技術と交易によって富を集積していった深草秦氏が、稲荷山の信仰を前提に、「ヤシロ」を創建したとする伝承もみのがせない。

『風土記』の逸文

文献の側からはどうであろうか。その貴重な史料に『山背（城）国風土記』の逸文《いつぶん》がある。そこにはつぎのような注目すべき記述があって、

「風土記に曰はく、伊奈利《いなりい》と称ふは、秦中家忌寸《はたのなかつへのいみきら》等が遠つ祖《おや》、伊侶巨秦君《いろこはたのきみ》、稲梁《いね》を積みて富み裕《さきわ》ひき。乃ち、餅《もちい》を用《も》ちて的《いくは》と為ししかば、白き鳥と化成《な》りて飛び翔《と》りて山の峯に居《かけ》り、伊禰奈利生《いねなりお》ひき。遂に社《やしろ》の名と為しき。其の苗裔《すえ》に至り、先の過《あやまち》を悔いて、社の木を

抜《ねこ》じて、家に殖《う》ゑて禱《の》み祭りき。今、其の木を殖ゑて蘇《い》きば福《さきわい》を得、其の木を殖ゑて枯《か》れば福あらず」

と書かれている。

この『風土記』の逸文は、『延喜式神名帳頭註』『諸神記』『年中行事秘抄』『二十二社註式』『諸社根元記』に引用されている。延長三年（九二五）の太政官符による進達のさいの逸文とみなす説もあるが（伴信友も『験《しるし》の杉』では延長三年のころのものとする）、これは坂本太郎博士が明言されたように（「稲荷神社の和銅四年創立説について」『朱』一一号）、和銅六年（七一三）五月の官命をうけて撰進された『山背国風土記』の逸文と考えてさしつかえない。普通には『山城国風土記』逸文と書くが、山背国が山城国に国名の用字が変わったのは、延暦十三年（七九四）の十一月八日の詔によってであるから、正しくは『山城国風土記』は『山背国風土記』と書くべきであろう。

右の引用文には通説と異なっているところがある。それは「秦中家忌寸等が遠つ祖、伊侶巨秦公」の箇所である。『日本古典文学大系』の『風土記』をはじめとして、通説は「伊侶具」と書くが（伴信友の校訂も同じ）、吉田（卜部《うらべ》）兼倶《かねとも》の奥書のある『神名帳頭註』の逸文には「伊侶臣」としるし、秦（大西）親業《ちかなり》の『稲荷社事実考証記』に引用する『社司伝来記』には朱書して「或名字作レ鱗」とするように、原伝は「伊侶巨」であったものが「伊侶臣」と誤写されたと考えられる。

「いろこ」は「うろこ（鱗）」に通じ、そしてその子孫の系譜には久治良《くじら》・鮒主《ふなぬし》など、動物類を名とするものがあって、「伊侶具」は「伊侶巨」であった可能性が強い。

ところで「秦中家忌寸等遠祖」「伊侶巨秦公」という書き方は通例の書法とは異なっている。「秦中家」の「中家」については、後述する天暦《てんりゃく》三年（九四九）五月の『神祇官勘文《じんぎかんかんもん》』に引用する「禰宜祝《ねぎはふり》らの申状《もうしじょう》」に、「秦氏の祖中家等」と記載する。伴信友が「中家は名なり」と解釈したのには（『験の杉』）、それなりの理由があった。問題はその遠祖が「秦公」であったのに、「秦中家」が忌寸であるのは、いったいどうしてかという点にある。

秦氏の姓

『日本書紀』の天武天皇十二年九月の条には、秦造《はたのみやつこ》に連《むらじ》の姓《かばね》が授けられ、さらに天武天皇十四年六月の条には、秦連に忌寸の姓が与えられている。したがって秦忌寸石勝《はたのいみきいわかつ》（『日本書紀』朱鳥元年八月の条）、秦忌寸広庭《ひろにわ》（『続日本紀』大宝二年四月の条）、秦忌寸百足《ももたり》（『同』慶雲元年正月の条）、秦忌寸足国《たりくに》（『同』神亀三年正月の条）などと忌寸姓の秦氏の人びとがあいつぐ。『本朝月令《ほんちょうげつれい》』所引の『秦氏本系帳』に、大宝元年（七〇一）のこととして秦忌寸都里《とり》とするのもこうした史実と矛盾しない。

少なくとも天武天皇十四年（六八五）以後になって、秦忌寸が登場してくることがわかる。秦造《はたのみやつこ》としては秦造河勝《かわかつ》（『日本書紀』推古天皇十一年十一月の条）、秦造田来津《たくつ》（『同』大化元年九月の条）、秦造熊《くま》（『同』天武天皇元年六月の条）、秦造綱手《つなで》（『同』天武天皇九年五月の条）などが名を列ねる。それなら「秦公」の時代はいったいいつごろであったのか。『日本書紀』の雄略天皇十二年十月の条に「秦酒公《はたのさけのきみ》」とみえ、また『古語拾遺《こごしゅうい》』には雄略朝のできごととして「秦酒公」の説話を記述する。そして『新撰姓氏録』の左京諸蕃・右京諸蕃・山城国諸蕃にも、「秦酒公」の伝承を所収する。秦造以前の秦氏の首長が「秦公」を称した時代のあったことが推定できる。氏姓名の書き方としては、氏＋姓＋名の「秦公酒」とするのが通例だが、この秦氏の場合は、「秦酒公」と書く例が多い。もっとも他氏においても、「三《み》輪文屋君《わのふみやのきみ》」（『日本書紀』皇極天皇二年十一月の条）などのように、氏＋名＋姓の例もかなりある。「伊侶巨秦公」というような書き方は、『新撰姓氏録』（山城国諸蕃）の「川秦公」などのほか、『広隆寺来由記』の「秦氏系図」にもあって、酒秦公・意美《おみ》秦公・忍秦公・丹照秦公・河秦公などとみえている。なお『山背国風土記』逸文の鳥部《とりべ》里の条では「秦公伊侶巨」と書いているのが参考になる。

文献の伝えによっても五世紀後半の雄略朝のころに秦公を称し、ヤマト王権のウヂ、カバネの制にくみ入れられていったことがうかがうことができる。

2　伊奈利（稲荷）社の創建

創建の時期

『山背国風土記』逸文の伊奈利社の条に伝えるところを要約すると、①秦公伊侶巨が稲梁（穀物）を積んで富み栄え、餅を弓の的《まと》としたところ、白鳥となって飛翔し、山の峰にとどまって、稲が生じた。そこで社の名（伊奈利）とした。②その子孫の代におよんで、先のあやまちを悔い、社の木を根ごと抜いて家に植え、禱《いの》りまつった。今、その木を植えて繁れば福をうることができ、その木を植えて枯れれば福をうることができない、ということになる。

①は伊奈利の山の峰と伊奈利社の社名の由来を物語る説話であり、餅が鳥（白鳥）になる伝えは、『山背国風土記』逸文の鳥部里の条の「的の餅、鳥となりて飛び去《ゆ》き居りき、その所を鳥部と云ふ」の記事や、『豊後国風土記』速見《はやみ》郡田野の条の「餅をもちて的となしき、時に、餅白き鳥となりて、発《た》ちて南に飛びき」の記載などにもみえている。この餅と鳥（白鳥）の伝承には、餅を的にする弓占《ゆみうら》の民俗や穀霊信仰が反映されており、穀霊と餅、鳥（白鳥）と穀霊のつながりを示す事例として貴重である。

②はその後日譚ともいうべき部分で、社の木を抜いて家に植え禱祭したという伝承には、神霊のよります聖なる樹木を神籬《ひもろぎ》とした信仰が投影されており、伏見稲荷の後代の「験の杉」の信仰につながる要素をうかがうことができる。「イナリ」の語源については諸説があるけれども、『山背国風土記』逸文が「伊禰奈利《いねなり》生ひき」としるすとおり、イネ（稲）ナリ（生）とみなすのが妥当であろう。イナリについては「稲荷」の表記よりも「伊奈利」の表記のほうが古い。『山背国風土記』逸文に「伊奈利」と表記するばかりでなく、たとえば天平十年（七三八）の『駿河国正税帳《するがのくにしょうぜいちょう》』には「伊奈利臣」と書いている。こうした用例はのちの代にもかなりあって、『年中行事秘抄』『二十二社註式』『公事根源《くじこんげん》』などにも稲荷山を「伊奈利山」と記

す。

伊奈利社の創建については、天暦三年（九四九）の五月二十三日の『神祇官勘文』に「件の神社立ち始むるの由、たしかに所見無し、但しかの社《やしろ》の禰宜《ねぎ》祝《はふり》らの申状に云ふ、この神、和銅年中始めて伊奈利山三箇の岑の平かなる処に顕《あらわ》れ坐《ま》す」とのべているのが古い。ところで和銅四年（七一一）創建説はいつごろから具体化してくるのであろうか。『年中行事秘抄』は「かの社の禰宜祝らの申状」を引用して「和銅年中」とし、十六世紀なかごろの成立と考えられる『二十二社註式』は「人皇四十三代元明天皇和銅四年辛亥、始めて伊奈利山三箇の峯の平かなる処に顕れ坐す」とするす。そして『神名帳頭註』では「和銅四年辛亥二月十一日戊午、始めて伊奈利山三箇岑の平かなる処に顕れ坐す」と記述する。

すなわち平安時代の前期には「和銅年中」とされていたのが、室町時代のころになると、和銅四年説が登場してくるありようが察知される。卜部（吉田）兼倶の『神名帳頭註』の和銅四年の二月十一日は、すでに伴信友が指摘しているように（『験の杉』）、戊午《つちのえうま》ではなく丙戌《ひのえいぬ》であった。伴信友は「其は初午《はつうま》祭の起源にせむとて、みだりに日と干支を加えたる説なるべし」としたが、注目すべき見解であろう。

したがって『社司伝来記』にのべる和銅四年二月七日がもとの伝えであったと考えられる。問題は『山背国風土記』逸文に記述する秦公伊侶巨の「社の名となしき」の時代がはたして、いつかということになる。伴信友は「和銅年中」説にもとづいて、「この伊侶具（巨）の云々の事は、和銅年中の事なり」とみなした。だが、そこにはつぎのような疑問が残る。

秦公伊侶巨の時代は、「秦中家忌寸等が遠つ祖、伊侶巨秦公」とはっきり述べられているとおり、秦中家忌寸の時代よりは、はるかに前の時代であった。そして秦氏が秦忌寸になった時代は、天武天皇十四年（六八五）以後であるから、「秦中家忌寸」のころが「和銅年中」であったといえても、「伊侶具（巨）云々の事は、和銅年中の事なり」とは、考えられない。秦公の時代は「秦造」以前か、あるいは「秦造」のころと推定したほうが、『山背国風土記』逸文の文意に沿うことになる。尊称の姓《かばね》としての「秦公」の時代と、伴造《とものみやつこ》の姓としての「秦造」の時代の伝承については、これを明確に区別することはむずかしい。たとえば『日本書紀』が、雄略天皇十二年十月の条では「秦酒公」と書きながら、同じ『日本書紀』の雄略天皇十五年の条には、「秦造」「秦造酒」と書くように、「秦公」と「秦造」とが併用されている例もあるからである。

いずれにしても、「山の峯」に「伊禰奈利」、「社の名」とした伊侶巨の時代は、「和銅年中」よりは古いというべきであろう。伊奈利の社が創建される以前に伊奈利山の信仰が存在し、神体山としての「お山」の信仰を前提に「お塚《つか》」の信仰が稲荷信仰を多彩にしたことは、享禄・天文年間（一五二八―五五）に、稲荷の祀官秦長種《はたのながたね》が描いた「稲荷山旧跡図」にもうかがわれる。こうした「お山」の信仰を母体として秦氏が伊奈利の社を創建したとみなすことができよう。

3　お山の内実

神奈備の信仰

伏見稲荷大社の信仰は、和銅四年（七一一）以前にさかのぼり、和銅年中の「秦中家忌寸《はたのなかつへのいみき》」の時代よりも前に、「秦公《はたのきみ》」の時代にすでに「伊奈利《いなり》」という「ヤシロ」の名があったことがたしかめられる。そして『山背国風土記』逸文が、餅が白鳥となって「飛び翔りて山の峯に居り、伊禰奈利《いねなり》生ひき」とのべるように、聖なる稲荷山の信仰を背景として「伊禰奈利（稲生）」すなわち「伊奈利」という「ヤシロ」の名が誕生したと伝えるのである。ちなみに伊奈利社の三字の「伊奈利」が二字の嘉字「稲荷」と表記される初見の記事は、「伊奈利」社の神に神階従五位下が贈られた『類聚国史』の天長四年（八二七）正月十九日の条である（後述参照）。

稲荷山が古くからカミの鎮まる神奈備《かんなび》（神体山）として信仰されていたことは、御膳谷の御《み》饌石《けいし》をはじめとする磐座《いわくら》があり、近時古墳の副葬品と考えられてきた三ノ峰出土の吾作銘・二神二獣鏡や変形四獣鏡をはじめとする出土品は、かつてカミまつりの祭祀遺物とみなされたように（大場磐雄・佐野大和「山城国稲荷山を中心とする考古学的調査」『神道史学』五輯）、その出土地は祭祀遺跡であったとみなす説が有力となっている（白石太一郎「古墳からみた伏見稲荷大社の奉斎氏族」『朱』五一号）。

『山背国風土記』逸文が、「ヤシロの木を抜《ね》じて、家に殖ゑて禱《の》み祭りき」としるす「ヤシロの木」も神籬《ひもろぎ》（神体木）としての信仰を反映する。こうした稲荷山を「お山」とする信仰がのちのお塚の信仰へと発展してゆく。

ここでお塚信仰について若干言及することにしよう。前述のように享禄・天文年間のころ、伏見稲荷大社の祠官であった秦長種《はたのながたね》が描いた稲荷山の絵図には、「上ノ塚」「中ノ塚」「下ノ塚」「命婦塚《みようぶづか》」が書きとめられているが、その数は時代とともに増加して、昭和十四年（一九三九）度の境内お塚調査では、その数およそ二五〇〇とされた。そして、昭和四十年度と昭和四十一年度の調査では、稲荷山全域のお塚は、あわせて七七六二基であったが、その後はお塚の新設は限定されている。

参詣者たちは、このお塚に詣でることを「お山する」というが、それはけっして計画的・組織的になされたものではない。稲荷大神を熱烈に信仰する民衆の、おのずからの信仰が、おびただしいお塚の建立を生みだし、「お山する」にぎわいをつくりだすにいたったといってよい。

神仏習合

無名のお塚もあるが、昭和四十年度・昭和四十一年度の調査によると、それはわずか四〇基であって、お塚のほとんどに末広大神とか、金徳大神とかというような称号がつけられている。

そこにみいだされる神名の多様性は、稲荷の「お山」によせた庶民の信仰そのもののありかたを反映するかのようである。『古事記』や『日本書紀』の神話に由来する神々もある。たとえば出雲系とされる大己貴大神、少彦名大神などがそれである。各地の有力な神社の神名をお塚の神名にしたものもある。たとえば諏訪大神、石上大神、熱田大神などというぐあいにさまざまであった。庶民信仰の多様性は、正一位閻魔地蔵菩薩とか延命地蔵王とか、あるいはまた虚空蔵童子（像）とか弘法大師（像）とかのお塚すらをつくりだす。そもそも神に正一位とか正三位とか正五位とかの神階を奉るしきたりは、奈良時代の天平年間のころからはじまる。その前提には、神と人とが連続し一体化する、日本的な神人感が内在していたが、これに加えて神仏習合思想の影響のあったこともみのがせない。

日本の神はきわめて開放的である。神は仏を排除しない。神は仏法を悦び給うとする信仰は、やがて仏法が優位となるにつれ、神も衆生のひとつとされるようになり、さらに仏法を護る護法善神としての意味づけが強まる。神階を神に贈る現象は、そうした状況のなかで具体化をみたわけだが、庶民の神仏への期待と願望は、前記のような正一位と閻魔大王と地蔵菩薩とをミックスした「正一位閻魔地蔵菩薩」というようなお塚さえも創造してやまないのである。

なまはんかな合理主義では、お塚信仰のいのちを認識することはできまい。それは一見奇妙であり、同時にまた不思議である。神の霊域に弘法大師（像）のお塚があるのは、けしからんことだという人があるかもしれない。しかし、そのような見解は、あまりにも偏狭である。いかにも、慶応四年（一八六八）の三月二十八日に神仏判然令がだされて、神仏混淆・神仏習合の長い歴史に終止符がうたれたかにみえる。たしかに社僧のたぐいは消滅し、神宮寺などはいちじるしく減少した。

だが、庶民の信仰においては、依然として神仏習合はつづいている。多くの日本人の家庭では、神棚と仏壇とが平和的共存をつづけているし、何々神社の氏子であって、何々寺の檀家であるという日本人は珍しくない。ところによっては、氏子総代と檀家総代を兼任している人もいるし、神社の祭りで密教風に護摩を焚くところもある。

それらの人々にとっては、神と仏の崇拝は矛盾しない。神さまも御先祖さまなら、仏さまも御先祖さまということになろう。純粋な教理上のたてまえからすれば、神と仏の教えには差異がある。場合によっては対立するかもしれない。事実、中国の歴史をひもとけば、儒教と道教と仏教の対抗はきわめて熾烈であったことがわかる。世に三武一宗の法難とよぶ、北魏の太武帝、北周の武帝、唐の武宗、後周の世宗のあいつぐ仏教の弾圧などは、その代表的な例である。

日本においても、たとえば織田信長が一向宗や天台宗を弾圧したり、徳川幕府がキリシタンを徹底的に取り締まった例などはあるけれども、教義の論争や対立（宗論）はあっても宗教と宗教との戦いはほとんどない。そのようなありようが、お塚の信仰を生みだすのである。

4　葛野への軌跡

広隆寺と秦氏

京都市の右京区西南部や西京区東北部では、村ノ内町遺跡・和泉式部町遺跡・松室遺跡などで弥生時代から古墳時代前期の集落遺跡がみつかっており、嵯峨野のいにしえがまったくの原野であったとみなす説はあやまりである。

しかし伏見深草の秦氏らが葛野の地域へ進出するのは、大規模な古墳や群集墳が具体化する六世紀の後半以後であって、その代表的なゆかりの寺社が秦河勝《はたのかわかつ》ゆかりの広隆寺であり、秦都《はたのと》理《り》が創建したという松尾大社である。

広隆寺は、『上宮聖徳法王帝説』では蜂丘寺と記され、『日本書紀』では蜂岡寺・葛野秦寺とよばれている。現在の広隆寺は太秦にあるが、もとの位置については承和三年（八三六）にできあがったという『広隆寺縁起』では「もとの旧寺家地は九条河原里」などにあったとするが、現在地へ移建される前は、京都市北区の北野白梅町のあたりでみつかった北野廃寺とみなす説が有力である。北野廃寺は飛鳥時代に創建され、平安時代前期まで存在したことが発掘調査でたしかめられている。北野廃寺跡から出土した墨書土器に「鵤室《いかるがのむろ》」と書かれていたのは興味深い。

『日本書紀』の推古天皇十一年（六〇三）十一月の条には、

「皇太子、諸の大夫に謂りて曰はく、「我、尊き仏像有てり。誰か是の像を得て恭拝らむ」とのたまふ。時に、秦造河勝進みて曰はく、「臣、拝みまつらむ」といふ。すでに仏像を受く。因りて蜂岡寺を造る」

と記載されている。この「皇太子」とは廐戸《うまやど》皇子すなわち聖徳太子で、「自分は尊い仏像をまつっている。誰かこの仏像を拝む者はないか」と、諸々の貴族・官僚に問われたところ、葛野秦氏の秦河勝が進みでて「私が拝みまつりましょう」と申し出て、蜂岡寺を造立したとのべるのである。

聖徳太子が造立したと伝える法隆寺を斑鳩寺《いかるがでら》とよんだことは、『日本書紀』の推古天皇十四年是歳の条・皇極天皇二年十一月の条・天智天皇八年冬の条に明らかだが、聖徳太子の有力なブレーンのひとりであった秦河勝（『聖徳太子』、平凡社）が、蜂岡寺に太子ゆかりの「鵤室」を設けたのかもしれない。

斑鳩宮の造営

太子が斑鳩宮を造営したのはなぜか。太子が推古天皇三十年（六二二）二月、四十九歳でなくなったのを妃橘大郎女《おおいらつめ》が追慕し「天寿国」への往生を願って、「令者（ディレクター）」に秦《はたの》久麻《くま》・「画者」に東漢末賢《やまとのあやのまつけん》・漢奴加己利《あやのぬかこり》・高麗《こま》（高句麗）加西溢《かせい》を選んで、采女《うねめ》に刺繡させた

「天寿国繡帳」に、太子の言葉として「世間虚仮唯物是真」とあるのを理由とする説がある。しかし私はそうは思わない。

「世間」を「虚仮」として、仏教の世界に隠世したわけではない。斑鳩の地（奈良県斑鳩町）は難波津（難波の港）につながる水陸交通の要衝であった。

斑鳩の地の西は、河内（大阪府）に通じる竜田越えにつながり、大和川が流れる要域である。河内と大和を結ぶ水陸交通の重要な場所に位置する。太子は、推古天皇元年には難波津につながる上町《うえまち》台地に四天王寺（大阪市）を創建している。瀬戸内ルートによる、内外の門戸を意識しての四天王寺の造営であった。この四天王寺の真東の方向に斑鳩宮が所在する。

隠世ではなく、蘇我氏との「共治」の矛盾のなかでの、むしろ積極的に難波津へのコースを意識した斑鳩宮への遷居であったとみなすべきであろう。法隆寺をはじめとする、法起寺などの寺院の建立に象徴される「仏都」の建設をめざしたのではなかったか。

その斑鳩宮の近くに斑鳩寺を建立したのである。秦河勝が太子の「イカルガ」の地への想いに共感していたとしても不思議ではない。

『日本書紀』推古天皇三十一年七月の条には、

「新羅、大使奈末智洗爾《なまちせんに》を遣し、任那、達率奈末智を遣して、並に来朝。仍りて仏像一具及び金塔幷て舎利を貢る。且大きなる観頂幡一具・小幡十二条たてまつる。即ち仏像をば葛野の秦寺に居《ま》しまさしむ。余の舎利・金塔・観頂幡等を以て、皆四天王寺に納《い》る」

という記述がある。前年の二月二十二日に廏戸皇子が亡くなったのを弔問しての新羅使の「来

半跏思惟弥勒像（広隆寺蔵）

朝」であった。そのおりの「仏像は葛野の秦寺」に、そして「その余の舎利《しゃり》・金塔などはすべて四天王寺」に納められたというのである。

対外的にも秦河勝造立の葛野秦寺（蜂岡寺）と太子創建の四天王寺が深いかかわりをもっていたことが察知されていたことを物語る。

京都市右京区太秦の面影町には玄室しか残存していないが全長八〇メートルをこえる蛇塚古墳（六世紀末葉）があり、太秦松本町にも全長七二メートルの天塚古墳がある。これは蛇塚古墳よりは古いが六世紀代の古墳であることはたしかであろう。これらの古墳の被葬者は葛野秦氏の関係者であったとみなされている。

広隆寺には国宝第一号の半跏思惟弥勒像が大切に保存され尊崇されている。補修の部分には樟が使われているが、本体は赤松で造られた私の大好きなみ仏のひとつである。韓国の国立ソウル中央博物館の半跏思惟弥勒像と姿・形がそっくりである。広隆寺のそれは飛鳥時代の仏像だが、ソウル国博の仏像の方が広隆寺のみ仏より制作の年次は古い。飛鳥時代の仏像はたいがい樟材だが、赤松で造物されているのは珍しい。太子のまつっていたみ仏か、新羅から贈られたみ仏か、論議の分かれるところだが、おそらく渡来系のみ仏であろう。倭国での造仏であったとしても、その仏師は渡来の仏師であったと考えられる。

松尾大社の創建

京都市西京区の嵐山宮町に鎮座する松尾大社も葛野秦氏の有力者であった秦都理《はたのとり》が社を造った。そのことは朱雀天皇・村上天皇の代の宮中の儀式や年中行事などを記した『本朝月令』に引用している『秦氏本系帳』によってたしかめることができる。

六国史《りつこくし》の最後にあたる清和・陽成・光孝の治世の史書『日本三代実録』の元慶五年（八八一）の三月の条に、五畿七道諸国の神社祝部《はふりべ》氏人に、太政官の弁官が命令を出して、三年に一度『本系帳』を上進することを命じているが、『秦氏本系帳』もそのひとつであった。そのなかに大宝元年（七〇一）に秦忌寸《いみき》都理が日埼の峰から松尾に松尾大社の神を勧請して祭祀したと明記している。

ところで『古事記』の上巻には松尾の神にかんする注目すべき記載がある。「大山咋神《おおやくいのかみ》、亦の名は山末之大主神、此の神は近淡海《ちかつあふみ》（近江）の国の日枝《ひえ》の山《やま》に坐《ま》し、亦葛野の松尾に坐して鳴鏑《なりかぶら》を用《も》つ神ぞ」とあるのがそれだ。「日枝の山に坐す」とは大津市の坂本の日吉大社であり「葛野の松尾に坐す」とは松尾大社にほかならない。矢の「鳴鏑を用つ神」とのべているが、鳴鏑が使われるようになるのは五世紀以後といわれており、松尾大社の祭神大山咋神の奉斎の時期を推定するてがかりとなる。

ところが延喜五年（九〇五）から編纂がはじまって延長五年（九二七）に完成した『延喜式』の「神名帳」（巻第九・巻第十）のなかの名神大社松尾神社には「二座」の神をまつるとある。もう一座の神はどういう神か。『秦氏本系帳』には「正一位勲一等松尾社御社は、筑紫胸肩（宗像）に坐する中部大神《なかつべ》、戊辰年三月三日、天下りて松埼日尾、又日埼岑(ひさきのみね)とあって、戊辰年《つちのえたつ》すなわち天智天皇七年（六六八）に海神である宗像三女神のなかの「中部大神（イチキシマヒメ）」をあわせ奉斎したと伝える。

日本列島はまわりを海で囲まれており、その列島のおよそ三分の二は山地である。日本列島の歴史と文化は、まさしく「海・山のあいだ」に展開したといっても過言ではない。山の神と海の神を祭祀する松尾大社のありようを改めて注意する必要がある。

松尾大社にも神奈備（神体山）がある。松尾山の分土山大杉谷には巨大な磐座《いわくら》がある。京都市の依頼で松尾大社の調査をしたことがあって、「御鎮座場」といわれている聖なる磐座は実測できなかったけれども、目測で高さ約五メートル幅約十五メートルもあろうかという磐座であった。松尾大社の文書によっても秦氏がもともとの社家であったことがわかる。

月読神社の伝承

『日本書紀』顕宗天皇三年二月の条にはつぎのような興味深い記述がある。

「阿閉臣事代《あへのおみことしろ》、命《おほみこと》を銜《う》けて、出《い》でて任那《みまな》に使《つかひ》す。是《ここ》に、月神《つきのかみ》、人《ひと》に著《かか》りて謂《かた》りて曰《のたま》はく、

「我《わ》が祖高皇産《みおやたかみむすひのみこと》霊、預《そ》ひて天地《あめつち》を鎔《あ》ひ造《いた》せる功有《いさをしま》します。民地《かきところ》を以《も》て、我が月神に奉《つかまつ》れ。若《も》し請《こひ》の依《まま》に我《われ》に献《たてまつ》らば、福　慶《さいはひよろこび》あらむ」とのたまふ。事代《ことしろ》、是《これ》に由《よ》りて、京《みやこ》に還《かへ》りて具《つぶさ》に奏《まう》す。奉《つかまつ》るに歌荒樔田《うたあらすだ》を以てす。歌荒樔田は、山背国《やましろのくに》の葛野郡《かどののこほり》に在《あ》り。壱伎県主《いきのあがたぬし》の先祖押見《とほつおやおしみの》宿禰《すくね》、祠《まつり》に侍《つか》ふ」

阿閉臣事代が朝鮮半島南部の「任那《みまな》」へ派遣されたおりに、壱岐島で月の神の託宣があったと伝える。その託宣で高皇産霊を「天地鎔造」の神と表現していることもみのがせないが、「歌荒樔田《うたあらすだ》」の「歌」は山背国葛野郡の宇多野（京都市右京区）の「宇多」であり、「荒樔」は「あ（在）る」の他動詞「あらす」である。分註の「歌荒樔田は山背国の葛野郡に在り」はその地を指す。

「月神」は『延喜式』に壱岐島壱岐郡月読神社とするその神であり、現在も式内社として鎮座する。松尾大社の境外摂社に月読神社があるが、その由来は壱岐の月読神にあった。今は小さな社だが、延喜式内の名神大社で、京都市西京区桂《かつら》の上野にある月読塚がその旧社地であったという。『山背国風土記』逸文には、月読神が「桂の樹に椅《よ》りて立たしましき」とあって、地名はこの桂にもとづくと伝える。境内摂社月読神社の境内には太子社があって、高さ約六〇センチの神像を調査したことがあるが、室町時代の神像で後補のおりの墨書には寛保元年（一七四一）、秦種愷《はたのたねひろ》とあった。

葛野秦氏の活躍

葛野秦氏は灌漑治水の分野でも活躍し、平安時代の法制の書である『政事要略』に引用する『秦氏本系帳』には「葛野大堰を造る」としるし、「大宝令」の注釈書である『古記』に「葛野大堰」がみえる。『古記』の成立年次は天平十年（七三八）であったから少なくとも、天平十年以前に造られていたことはたしかである。

秦氏が軍事面でも活躍したことは、たとえば井上満郎氏も指摘されたように、王権の掌握をめぐって蘇我氏ら（崇仏派）と物部・中臣氏ら（排仏派）が戦ったおり、蘇我氏側についた廏戸皇子の側近秦河勝は、「軍政《いくさのまつりごと》」・「軍政人《いくさのまつりごとひと》」として活躍し（『聖徳太子伝補闕記』・『三宝絵詞』・『今昔物語集』）、また「軍允」（『聖徳太子伝暦』）としても参加しており、『聖徳太子伝私記』が、河勝を「大将軍」としているのが注目される（井上満郎『秦河勝』吉川弘文館）。

また秦河勝が外交面でも重要な役割を果したことは、たとえば推古天皇十七年（六〇九）の十月に、新羅使らが渡来してきたおり、河勝は「新羅の導者」となっているのが参考となる。

秦氏の分布

秦氏は九州から東北まで、面的に分布しそのなかには官僚となった人もいるがどちらかといえば、在地の豪族として活躍した人びとが多い。

それと対照的なのは漢氏であって、点的に散在し、その多くは内外の記録を担当したのをはじめとする官僚化した人びとが多い。そして高麗氏はどちらかといえば点的に分布するが、官僚や豪族となった人びとが少なくない。

そこでまず秦氏の分布を史料にそくして検討することにしよう。九州で注目されるのは、大宝二年（七〇二）の豊前国上三毛郡塔里の戸籍（欠損）、同年の上三毛郡加自久也《かじくや》里の戸籍（部分的に残存）、そして同年の豊前国仲津郡丁《よぼろ》里の戸籍（欠損）である。

塔里の戸籍では秦部を名乗る者が圧倒的に多く六三名に及ぶ。加自久也里の戸籍では秦部は二五名、丁里の戸籍ではなんと二三一名の秦部の人びとが記載されている。

豊前国（大分県）に秦氏のグループが集団として居住していたことは、『豊前国風土記』逸文の「鹿春郷」の条に「昔者《むかし》、新羅の国の神、自ら度り到りて、此の河原に住みき。便即《すなわ》ち、名づけて鹿春の神と曰《い》ふ」とみえているのが参考史料となる。新羅の神が「度到」というのは、新羅の神を信奉した人びとが豊前の地域へ渡来したことを象徴する伝承である。

『日本書紀』皇極天皇三年七月の条には、駿河国（静岡県）の不尽河（富士川）のほとりの大《おお》生部多《ふべのおお》が、不老長生の現世利益の宗教である道教とかかわりのある「常世の神」を信奉していたのを秦河勝が弾圧したという説話が載っている。秦河勝が仏教の信奉者であったことは、前述したように葛野秦寺（蜂岡寺）を建立、み仏を尊崇したのにもうかがうことができるが、駿河国にも秦氏がいたことはたとえば天平十年（七三八）の『駿河国正税帳』に国司の掾《じょう》（三等官）として従六位下秦忌寸稲粟《はたのいみきいなあわ》の名がみえる例などにも察知される。

民間の巫覡《ふげき》（女と男のシャーマン）らが神の託宣にことよせて「常世の神を祭らば、貧《まず》しき人は富を致し、老いたる人は還《かえ》りて少《わか》ゆ」と福・禄・寿の信仰をひろめていることを在地の秦氏の人びとが、葛野の秦河勝に報告したのかもしれない。

いまもしこの道教的信仰が順調に発展しておれば、道教の寺院である道観が日本にも登場したかもしれない。だがそれはついに実現しなかった。『日本書紀』斉明天皇二年是歳の条に「田身嶺（多武峰）に冠《かがふ》らしむるに周《めぐ》れる垣を以ってす」としるし、「復《また》、嶺の上の両《ふた》つ樹《き》の辺《ほとり》に、観を起つ。号《なづ》けて両槻宮《ふたつきのみや》とす。亦は天宮と曰ふ」とのべる。この「観」は両槻宮ともよばれたが、わざわざ「観」の字をあてているのが気になる。あるいは「道観」のたぐいであったかもしれないが、今後の発掘調査に期待したい。

秦氏は越前国（『寧楽遺文』下・「正倉院文書」）、越中国（『万葉集』『寧楽遺文』下・「正倉院文書」）、山背国（『日本書紀』・『続日本紀』・『万葉集』・『寧楽遺文』上・「正倉院文書」）、大和国（『日本書紀』・『続日本紀』・『寧楽遺文』上・下・「正倉院文書」）、摂津国（『続日本紀』・『寧楽遺文』下・「正倉院文書」）、河内国（『寧楽遺文』上・「正倉院文書」）、和泉国（大野寺土塔）・近江国（『日本書紀』・『続日本紀』）、美濃国（『寧楽遺文』上・下）、尾張国（「正倉院文書」）、備前国（『寧楽遺文』下）、伊予国（『続日本紀』「正倉院文書」）、讃岐国（『続日本紀』）、上野国（『寧楽遺文』補遺）をはじめとして全国各地に居住していたが、東北秋田市の久保田城の発掘調査で、漆紙文書がみつかり「秦久尓」の名が記載されていたことがわかった。

秦氏は大宝二年（七〇二）の御野（美濃）国加毛郡半布里の戸籍にみられるように、豊前国仲津郡丁里の戸籍と同様、集団的に居住していた形跡が濃厚であった。

第三章　漢氏の行動

Ⅰ　漢氏の出自

阿知使主の渡来

漢氏の渡来について、『古事記』の応神天皇の条にきわめて簡略に「秦造の祖」とならんで、「漢直の祖」らが「参渡り来つ」としるし、阿知史《あちのふひと》の祖とする阿知吉師《あちきし》が牡馬《おうま》壱疋・牝馬《めうま》壱疋を百済の照古王の時に「貢上」したとのべる。この照古王とは百済第六世の近肖古王であり、一一四五年に高麗の金富軾《きんふしょく》がまとめた。『三国史記』（百済本紀）の近肖王二十三年の条には、新羅に使を遣わして百済から「良馬二匹を送る」と記載されており、時代はともかく百済には「良馬」がかなり飼育されていたことがわかる。

『日本書紀』では応神天皇二十年九月の条に「倭漢直《やまとのあやのあたい》の祖阿知使主《あちのおみ》その子都加使主《つかのおみ》、並《ならび》に己《おの》が党類《ともがら》十七県を率いて来帰」と記載する。この「党類十七県」が実数であったかどうかはともかく、阿知使主・都加使主の祖先伝承は後の世までも長く記憶されていた。

たとえば蝦夷の征討でも活躍した坂上田村麻呂の父である坂上苅田麻呂《かりたまろ》が、宝亀三年（七七二）の四月二十日につぎのように上申しているのをみてもわかる（『続日本紀』）。

「正四位下近衛員外中将《このえのいんげのちゅうしょう》兼安芸守《かねあきのかみ》勲《くん》二等坂上大忌寸《おおいみき》苅田麻呂ら言《もう》さく、「檜前《ひのくま》忌寸を大和国高市郡司《たけちのぐんじ》に任する元由《もとのよし》は、先祖阿智使主《さきつおやあちのおみ》、軽嶋豊明宮《かるしまのとよあかりのみや》に馭宇《あめのしたしらしめ》し天皇の御世に十七県《あがた》の人夫《ひとども》を率《い》て帰化《まいおもむ》けり。詔《みことのり》して、高市郡檜前村を賜ひて居《お》らしめき。凡そ高市郡の内には、檜前忌寸と十七県の人夫地《ところ》に満ちて居り。他の姓の者は、十にして一・二なり。是を以て、天平元年十一月十五日、従五位上民忌寸袁志比《おしび》ら、その所由《よし》を申しき。天平三年、内蔵少属《うちのくらのしょうぞく》従八位上《じゅうはちいうえ》蔵垣《くらかき》忌寸家麻呂《いえまろ》を少領に任しき。天平十一年家麻呂を大領に転《うつ》して、外従八位下蚊帳《かや》忌寸子虫を小領に任しき。神護元年、外正七位上文山口《ふみのやまぐち》忌寸公麻呂《きみまろ》を大領に任しき。今、此の人ら、郡司に任ぜらるること、必ずしも子孫に伝へざれども、三腹逓《さんふくたがい》に任せられて、今に四世なり」とまうす」

ここに「先祖阿智（知）使主、軽嶋豊明宮に馭宇しし天皇の御世に十七県の人夫を率て帰化けり」とのべているのは、『日本書紀』が応神天皇二十年九月の条に「倭漢直の祖阿知使主」が「党類十七県を率いて来帰」したと記述するのと一致する（苅田麻呂の上表文では阿知使主を「阿智使主」と書き「坂上系図」に引用する『新撰姓氏録』逸文では「阿智王」とも表記する）。

東漢氏

倭漢直は東漢直とも書き、生駒・金剛山脈の東の大和（奈良）盆地南部に分布し、東漢氏の支族のひとつであった檜前忌寸は奈良県明日香村の檜前（檜隈）に居住したことを明確に知ることのできる上申の文言である。六世紀には文《ふみ》（書）氏、坂上氏・民氏・長《なが》氏などに分かれており、高市郡内には「他の姓の者は、十にして一・二なり」と言上したように東漢氏系の人びとが数多く居住していた。

したがって『日本書紀』欽明天皇七年七月の条には高市郡を「今来郡」と表記し、『新撰姓氏録』逸文にも「今来郡を建つ、後に高市郡に改む」と書くのである。

東漢氏は天武天皇十一年（六八二）正月に連《むらじ》姓となり、同十四年に忌寸《いみき》姓になっているが、苅田麻呂の言上によって、

「勅《みことのり》を奉《う》けたまはるに、「譜第《ふだい》を勘《かんが》ふること莫《な》く、郡司に任することを聴《ゆる》すべし」とのたまふ」

と『続日本紀』がしるしているように、かつてその一族が高市郡の少領や大領になったことがある点や檜前忌寸の氏が多数居住することを考慮して、郡司の大領・少領は天平勝宝元年（七四九）の二月に定めた譜第（嫡々相承）の者でなければ任命できない「勅」にとらわれずに、郡司になることが許可されたのである。

七つの不可

東漢氏が政治的にも重要な役割を果たしていたことはつぎのような天武天皇の「詔」からも察知することができる。『日本書紀』には天武天皇六年（六七七）の六月、天武天皇が東漢直らに詔して「汝等《いましら》が党族《やから》、本より七つの不可《あしきこと》を犯せり。是を以て、小墾田《おわりだ》の御世より、近江の朝《みかど》にいたるまでに、常に汝等を謀るを以て事《わざ》とす。今《いまわ》朕が世に当《あた》りて、汝等の不可しき状《かたち》を将責《せ》めて、犯《おかし》の随《まま》に罪《つみ》すべし。然れども頓《ひたぶる》に漢直《あやのあたい》の氏を絶さまく欲せず。故《かれ》、大きなる恩《めぐみ》を降して原《ゆる》したまふ。今より以後、若し犯す者有らば、必ず赦さざる例《かぎり》に入れむ」と告げたことがしるされている。

ここにいう「七つの不可」の内容はさだかでないが、崇峻天皇五年（五九二）の十一月に東漢直駒が蘇我馬子の命をうけて、泊瀬部《はつせべ》大王（崇峻天皇）を暗殺したのをはじめとする王権へのあらがい（抵抗）を指すと思われる。そして小墾田の御世（推古朝）から近江の朝（天智朝）にいたるまでの間にも陰謀を重ねてきたけれども、漢直の氏を絶滅させることは本意ではないので、本来であれば厳重に処分すべきだが、恩赦するというのである。

東漢氏が軍事と深いつながりをもっていたことは、たとえば欽明天皇三十一年（五七〇）四月に東漢直糠児《あらこ》が高句麗使を迎えて警護し（『日本書紀』）、推古天皇十年（六〇二）来目皇子《くめのみこ》が征新羅将軍として筑紫へ赴いたおりに漢人が兵器の製作に従事し（『肥前国風土記』）、皇極天皇三年（六四四）十一月、蘇我蝦夷の上の宮門と入鹿の谷の宮門を東漢直らが守り、翌年の六月、蘇我入鹿が宮中で殺害された時には東漢直らが「擐甲持兵」の軍陣を設けようとした例（『日本書紀』）などをみてもわかる。泊瀬部大王暗殺に東漢直駒が起用されたのも、こうした軍事的背景があったと考えられる。

六七二年の壬申の乱においても、漢氏一族は大海人皇子側と近江朝廷側とにそれぞれ加担し、（『日本書紀』）、天平十二年（七四〇）藤原広嗣の乱として参加したり、あるいは天平宝字八年（七六四）の藤原仲麻呂（恵美押勝）の乱にさいしては、檜前忌寸が秦忌寸と共に内裏の守衛に当たったのも（『続日本紀』）、軍事にひいでていたからである。

坂上田村麻呂が征夷大将軍として活躍する史脈には、東漢氏の同族であった坂上氏が、「家世尚武、調鷹子孫伝業」の伝統を保持していたからである（『日本後紀』）。その檜前忌寸たちの本貫が、明日香村の檜隈であった。

天武天皇の殯宮《もがりのみや》において「楯節舞《たてふし》」が奏されたが（『日本書紀』）、この楯節舞は、天平勝宝四年（七五二）四月の東大寺大仏開眼《かいげん》供養会のおりの楽舞のひとつとしても奏された。その楽舞を「楯伏儛」と書くように（『続日本紀』『東大寺要録』）、楯を伏せて服属を誓ういくさ舞が本来の舞の姿であった。そして『東大寺要録』にはその楯伏儛が「檜前忌寸二〇人・土師宿禰《すくね》二〇人」によって奏されたことを明記する。軍事とかかわりの深い檜前忌寸が楯伏舞のにない手であったことは興味深い（「楯節舞と檜前忌寸」『日本古代国家論究』所収、塙書房）。

ところで「阿智使主」の子と伝える「都加使主」とはいかなる人物であったか。『日本書紀』の雄略天皇七年是歳の条・同二十三年八月の条、さらに清寧天皇即位前紀にみえる「東漢直掬《あたいつか》」がその人物に相当すると考えられる。『新撰姓氏録』逸文には「阿智使主の男（男の子）都賀使主、大泊瀬稚武天皇（雄略天皇）の御世、使主《おみ》に改めて直の姓を賜ふ」とのべるのは、東漢直の略歴をたしかめるのに参考となる。

『新撰姓氏録』などでは、漢氏の先祖が「後漢霊帝の曾孫阿智王」とするが、これは中華（大唐）にこじつけた伝えであって、『記』『紀』両書も記述するとおり朝鮮半島南部から渡来した氏族であった。その時期はやはり第Ⅱ期段階のころ（とりわけ五世紀前半）であろう。

漢氏の「アヤ」・「アラ」については、『日本書紀』では「漢織」（「雄略天皇紀」）が「穴織」（「応神天皇紀」）と書かれているが、「アヤ」の原義は、朝鮮半島南部の加耶諸国のなかの「安羅（アラ）」に由来するとみなす三品彰英説（『日本書紀朝鮮関係記事考証』吉川弘文館）が妥当であろう。そして漢人は『日本書紀』によれば百済からも渡来しているので、私見では百済・加耶系とみなしている。

2　王仁伝承の虚実

西漢氏と西文氏

西漢氏《かわちのあや》は生駒・金剛山脈の西より具体的には河内の地域を中心に居住した氏族である。もっとも天平勝宝九年（七五七）の五月、河内の南部の和泉郡・大鳥郡・日根郡は和泉国として成立するが、ここにいう河内は和泉国を含んでの地域である。その西漢氏のなかでもっとも有名な支族が西文《かわち》氏（文首《ふみのおびと》）であった。その文首の始祖とするのが百済から渡来してきた和邇吉《わにき》師《し》（王仁博士）である。

『古事記』は応神天皇の条に百済国から渡来した「賢《さか》しき人」として和邇吉師《わにきし》をあげ、「論語十巻、千字文一巻」を伝えたとして「此の和邇吉師は文首《ふみのおびと》らの祖」としるす。『日本書紀』はその巻第十応神天皇十五年八月の条に百済王が阿直岐《あちき》という「経典」に理解の深い人物を派遣して、阿直岐が大鷦鷯尊《おおさざきのみこと》（仁徳天皇）の異母弟である菟道稚郎子《うぢのわきいらつこ》の師となったことをのべ、自分よりもすぐれた博士に王仁という人物のいることを応神天皇に進言したと伝える。そこで荒田別《あらたわけ》・巫別《かんなぎわけ》を百済へ遣わして王仁博士を招くことになり、翌応神天皇十六年の二月に、百済から王仁が渡来して菟道稚郎子の師となったという。そして「王仁は是書 首《ふみのおびと》らの始祖」であったと明記する。

この『記』『紀』の伝承をそのままに信頼できないことは後述するとおりだが、この両書でみのがせないのは、『古事記』が和邇（和爾）吉師すなわち王仁を「文首らの祖」とし、『日本書紀』が「書首らの始祖」とすることである。

文首は書首とも書くが、西《かわち》（河内）の文氏で、主として記録などを担当した氏族であった。そして後には外交や軍事などにも活躍したフヒト（史）系の有力氏で、河内国古市郡古市郷のあたりを本拠とした。大阪府羽曳野市古市の西琳寺《さいりんじ》はその氏寺として有名である。

この氏から分かれたグループには、馬首《うまのおびと》・馬 史《うまのふひと》（のちに武生連《たけふのむらじ》）・桜野首・栗栖《くるす》首・高志史《こしのふひと》

（のちに古志連）・蔵首《くらのおびと》などがあった。馬首・馬史など、文氏の流れに馬の文化が展開した河内に居住し、馬とかかわりを物語る氏名がみえるのも興味深い。

文（書）首のなかには天武天皇十二年（六八三）五月に連《むらじ》、同十六年六月に忌寸《いみき》、さらに延暦十年（七九一）四月に宿禰《すくね》姓に改姓した者もいたが、奈良・平安時代においても東・西の文氏が宮廷祭儀で重要な役割をはたしていたことは、たとえば『延喜式』に大祓《おおはらえ》のおりの「呪《じゅ》」を東・西の忌寸らが奏上していたことを記載するのをみてもわかる。

　このように百済から渡来したという王仁博士は、河内の古市のあたりを本拠とした河内（西）の文氏の祖（始祖）としてあおがれた人物であって、王仁博士と河内の地域とのつながりにはきわめて深いかかわりがあった。したがって『続日本紀』に延暦十年（七九一）四月八日の文忌寸最弟《ふみのいみきもおと》らの言上として「王仁を貢《たてまつ》りき、是文・武生《たけふ》らが祖なり」と記載し、また大同二年（八〇七）に斎部広成《いんべのひろなり》がまとめた『古語拾遺《こごしゅうい》』にも「軽島《かるしま》の豊明《とよあかり》の朝《みかど》（応神天皇の代）に至りて、百済の王《こにきし》 博士王仁を貢《たてまつ》る。是《これ》河内の文首の始祖なり」とも書きとどめるのである。

『古今和歌集』にみる王仁伝承

難波津《なにわづ》と王仁とのつながりを物語るのは、紀貫之《きのつらゆき》の『古今和歌集』の「仮名序」である。その序は冒頭に和歌の由来を説いて「このうた、あめつちの、ひらけはじめる時より、いでにけり」「しかあれども、世につたはることは、ひさかたのあめにしては、したてるひめ（下照姫）にはじまり、あらがねのつちにしては、すさのをのみことよりぞおこりける」とのべる。

この文にいう「したてるひめ（下照姫）にはじまり」が、『古事記』の所伝ではなく、『日本書紀』伝承にもとづくことは別に論じたが（「和歌のこころ」『日本文化の基層研究』所収、学生社）、問題はつぎの箇所である。

かくてぞ、花をめで、とりをうらやみ、かすみをあはれび、つゆをかなしぶ心、ことばおほく　さまざまになりにける。とを《ほ》き所も、いでたつあしもとよりはじまりて、年月をわたり、たかき山も、ふもとのちりひぢよりなりて、あまぐもたなびくまで、おひのぼれるごとくに、このうたも、かくのごとくなるべし。なにはづのうたは、みかどのおほむはじめなり。

として、つぎのように注記する。

おほさざきのみかど、なにはづにて、みこときこえける時、東宮をたがひにゆづりて、くらゐにつきたまはで、三とせになりにければ、王仁といふ人のいぶかり思ひて、よみてたてまつりける哥也。この花はむめの花をいふなるべし。

この注にいう「おほさざきのみかど」とは仁徳天皇のことであり、菟道稚郎子が大王の位を大鷦鷯《おおさざき》尊に譲って空位が「三とせ（三年）」におよんだことは、『日本書紀』の仁徳天皇即位前紀に「猶《なお》、位を大鷦鷯尊に譲りますによりて、久しくあまつひつぎ（皇位）しろしめさず、爰《ここ》に皇位空《むな》しくして、既に三歳を経ぬ」と記述するとおりである。このあたりの記述も『日本書紀』にもとづいているが、問題はそのことを不審とした王仁が、「よみてたてまつりける歌」とするのが、〝なにはづにさくやこのはな冬ごもりいまははるべとさくやこの花〟であるとしるすことである。

　つづいて注が「この花はむめ（梅）の花をいふなるべし」とする。「この花」については「木の花」説もあるが、注では「梅の花」とみなしている。「仮名序」はさらに次のようにのべる。

> あさかの山のことばは、うねめのたはぶれよりよみて（中略）、このふたうたは、うたのちゝ、はゝのやうにてぞ、てならふ人の、はじめにもしける。
> そもそも、うたのさま、むつなり。からのうたにも、かくぞあるべき。そのむくさのひとつには、そへうた、おほさざきのみかどを、そへたてまつれるうた、
> なにはづにさくやこのはな冬ごもり
> いまははるべとさくやこの花、といへるなるなるべし。

　ここにいう「あさか（安積）山のことば」とは、『万葉集』（巻第十六）の〝安積山影さへ見ゆる山の井の浅き心をわが思はなくに〟（三八〇七）を指すことは通説のとおりであろう。こ

の歌の『万葉集』の左注に記す内容と、「あさかの山のことばは、うねめ（采女）のたはぶれよりよみて」と「仮名序」の注にのべる、

かづらきのおほきみ（葛城王）を、みちのおく（陸奥）へ、つかはしたりけるに、くにのつかさ、事おろそかなりとて、まうけなどしたりけれど、すさまじかりければ、うねめなりける女の、かはらけとりて、よめるなり。これにぞ、おほきみのこゝろとけにける。

とその内容はほぼ一致しており、この「仮名序」の「あさか山のことば」が『万葉集』の伝承をうけて書かれていることは間違いない。

「仮名序」はこのふたうた（両歌）は、うたの「ち、は、（父母）のやうにてぞ、てならふ人の、はじめにもしける」と記述して、仮名のつづけ書きを習う人は、この二首の歌をまずはじめに用いるのが常であったとする。

〝なにはづ（難波津）にさくやこのはな〟の歌が古くから手習い歌として有名であったことは、後述する奈良県明日香村の石神《いしがみ》遺跡・徳島市国府町の観音寺遺跡あるいは藤原京跡・平城京跡・滋賀県甲賀市信楽町宮町遺跡などから出土した木簡や墨書土器の〝なにはづ〟の歌、さらに法隆寺五重塔初層天井組子の落書などにもはっきりと確かめられるが、この〝なにはづ〟の歌を王仁の歌とするのは、「仮名序」がはじめてで、『古事記』や『日本書紀』あるいは『万葉集』などにもこの歌を王仁の歌とする伝えは全くない。しかしこの〝なにはづ〟の歌が、後の

世まで王仁の詠とする伝承はつづくのである。それが近代・現代まで受け継がれていたことは、たとえば大正十年（一九二一）の三月に制定された「大阪市歌」（作詞堀沢周安・作曲中田章）に〝東洋一の商工地咲くやこの花さきがけて〟と謳われ、大正十四年に「此花区」ができたのをみてもわかる。

そして第三に、後でも言及するように、枚方市内の東北に王仁公園がつくられたばかりでなく、自然石の「於爾《おに》之墓」、ついで享保十六年（一七三一）に発起された「博士王仁之墓」、文政十年（一八二七）の「王仁墓碑」、明治三十二年（一八九九）の「博士王仁墳」などの造営があいついだことである。現在の「史跡伝王仁墓」一つをかえりみても、王仁伝承と河内とのつながりがいかに深いかが物語られている。

矛盾点のある史書

ところで『古事記』や『日本書紀』はもとよりのこと、『懐風藻』の「序」に「王仁始めて蒙を軽島《かるしま》（応神朝）に導き」としるし、また『古語拾遺』でも「軽島豊明の朝（応神朝）に至りて、百済王博士王仁を貢《たてまつ》る」などと記載する百済からの王仁博士の渡来伝承は、いったいどこまで信頼しうるのであろうか。

少なくとも七世紀後半から八世紀のはじめの段階に、儒教あるいは儒教の典籍をわが国（倭国）へ伝えた人物として百済の王仁博士の存在が知られていたことは、『記』『紀』の王仁渡来伝承のみでも明らかだが、『日本霊異記』（『日本国現報善悪霊異記』）もその「序」で「原《たず》ぬるに夫《そ》れ、内経（仏典）外書（儒書）日本に伝はりて興り始めし代、凡そに二時あり。みな百済国より将《も》ち来る。軽島豊明宮御宇誉田《ほむた》天皇（応神天皇）の代に外書来り、磯城島金刺《しきしまかなさしのみや》宮御宇欽明天皇の代に内典来るなり」と記載するように、儒書が初めて応神朝に百済から将来されたとする伝承は、九世紀にもうけつがれていた。

したがって、天慶六年（九四三）に宮中で行なわれた『日本紀』（『日本書紀』）竟宴のおりにも、大内記の橘 直幹《たちばなのなおもと》が、王仁をテーマに〝わたつみの千重のしら波こえてこそやしまの国にふみは伝ふれ〟と詠んだのである。

王仁ゆかりの伝承地は韓国全羅南道霊岩郡鳩林面にもあるが、百済から王仁というすぐれた人物が倭国に渡来して儒教を伝えたとする伝承は、後世に造作されたものではなく、かなり古くから存在したことはたしかであった。

だがその伝承の全てを短絡に史実とみなすわけにはいかない。「王仁」をワニとよんだことは、『古事記』が「和邇吉師《わにきし》」と書いているのにも明らかである。吉師は「吉士」、「吉之」などとも表記し（新羅の官位十七階ではその十四階に吉士・吉次・吉之がある）、わが国では渡来系氏族の姓《かばね》の一つとなった。

『古事記』によれば、百済の照古《しょうこ》（近肖古）王が、牡馬壱匹・牝馬壱匹を阿知吉師《あちきし》につけて貢上し、ついで和邇吉師が渡来したことになるのが、『日本書紀』では王仁が渡来したときは百済の阿花《あか》王の代ということになって、両書の渡来の時期が必ずしも一致しているわけではない。そしてより大きな問題となるのは、『古事記』に和邇（王仁）が「論語十巻、千字文一巻」をもたらしたとしるすことである。『論語』十巻とあるのは、二十巻（編）と矛盾するが、あるいはその前十巻（編）・後十巻（編）のいずれかを指すものかもしれない。

それよりも「千字文一巻」が問題である。『千字文』は梁の武帝が周興嗣《しゅうこうし》（四七〇？—五二一）に命じて編集させた文字習得のテキストであり、千字を集めた初級の教科書であった。いわゆる応神天皇の代よりは遅れた時代にできあがっており、王仁博士が渡来したとする時代には存在しない。

そこでこの『古事記』の文はさまざまに解釈されてきた。たとえば新井白石は『小学』の「急就章《きゅうしゅうしょう》」のような書を『古事記』が間違って『千字文』と書いたとみなし（『同文通考《どうぶんつうこう》』）、谷川士清《ことすが》は梁の『千字文』ではなく、魏の時代に作られた『千字文』だとした（『日本書紀通証』）。しかし魏の時代に『千字文』があったかどうかは疑わしく、本居宣長は、「千字文を此時に貢りしと云《いう》ことは、心得ず、此御代のころ、未《いまだ》此書世間に伝はるべき由なければなり」と断じて、「されば、此は実には遥に後に渡参来たりけめども、其書重く用ひられて、殊に世間に普《あまね》く習《ならい》誦《よ》む書なりしからに、世には応神天皇の御世に、和邇吉師が持参来つるよしに、語伝へたりしなるべし」と妥当な見解をのべている（『古事記伝』）。

『千字文』の記述は本居宣長が指摘するとおりであって、百済から王仁博士が『論語』はともかく、『千字文』も持ち来たったとするわけにはいかない。このように、王仁渡来の伝承内容についてはなお検討すべき課題を残す。それなら『古今和歌集』の「仮名序」が、王仁博士の詠とした〝なにはづ〟の歌はどうであろうか。

伝王仁作の歌

『古今集』の「仮名序」にのべるとおり〝なにはづ（難波津）〟の歌が文字手習いの始めとして、古くから有名であったことは、たとえば『源氏物語』（若紫）に「まだ難波津をだにはかばかしう続けはべらざめれば、かひなくなむ」とあり、また謡曲「蘆刈《あしかり》」に、

難波津《なにわづ》に咲くや木《こ》の花冬籠《はなふゆご》もり、今は春《はる》べと咲《さ》くや、木《こ》の花《はな》と栄《さか》へ給ひける、仁徳天皇と、聞《き》こえさせ給ひしは、難波《なにわ》の御子《みこ》のおんこと、また安積山《あさかやま》の言《こと》の葉《は》は、采女《うねめ》の杯取《さかずきと》りあへぬ、恨《うら》みを述《の》べし故《ゆえ》とかや、この二歌《ふたうた》は今までの、歌《うた》の父母《ちちはは》なるゆゑに、代《よ》々に普《あまね》き花色《はないろ》の、言《こと》の葉草《はぐさ》の種取《たねと》りて、われらごときの、手《て》習《なロオ》ふ始《はじ》めなるべし。

などとみえるのをみてもわかる。

そして謡曲「難波」では「今ぞ顕《あらわ》す難波津に咲くや木乃花と詠じつつ位をすすめ申せし百済国の王仁なれや」と謡われた。江戸時代の碩学《せきがく》のなかで、東アジアとりわけ中国・朝鮮などの史書や史伝を検索して、日本の歴史や文化を論述した屈指の人物松下見林《まつしたけんりん》は、大著『異称日本伝』の著者だが、その松下見林も『本朝学原浪華鈔』で、「王仁ノ和訓精錬ノ事ハ此一首（難波津の歌）ヲ明証ト為ス也」とした。

後世には〝なにはづ〟の歌はこのように王仁の作とされるようになったが、儒教の典籍とり

わけ文字手習いのテキスト『千字文』をわが国へ伝えた最初の人が王仁であるとする伝承と難波の高津宮《たかつのみや》や大隅宮を宮居とした仁徳天皇（『記』は大雀命、『紀』は大鷦鷯尊と書く）、さらに手習い歌として古くから有名であった〝なにはづ〟の歌とが合体して、この歌を王仁博士の詠とする伝えができあがったと考えられる。

したがって〝なにはづ〟の歌をただちに、『古今和歌集』の「仮名序」のように、王仁の歌とすることはできないが、七世紀後半から八世紀の段階に、〝なにはづ〟の歌が実際に、手習いのおりに書く歌としてさかんにしるされていたことはたしかな史実であった。

木簡などの〝なにはづ〟の歌

奈良県明日香村の石神《いしがみ》遺跡からは、乙丑年《きのとうし》（天智四年・六六五）の「三野（美濃）国ム下（武芸）評」・「大山五十戸」の木簡が出土して注目された。この木簡によって少なくとも天智朝の六六五年の段階には、すでに国—評（郡）—里（五十戸）という行政制度が存在したことを物語るばかりでなく、後の大学寮の前身と考えられる「大学官」という木簡もみつかった遺跡である。

その遺跡から「奈尓波ツ尓（難波津に）佐児矢己乃波奈（咲くや木の花）」と墨書した手習いの木簡（習書木簡）が出土し、さらに徳島市国府町の観音寺遺跡からは「奈尓波ツ尓佐久矢己乃波奈」の習書木簡や、『論語』の一節を書いた木簡が検出されている。これらの木簡は七世紀後半ごろのものとみなされているが、奈良県橿原市の藤原宮跡からは八世紀はじめの木簡と一緒に「奈尓皮ツ尓佐久矢己乃皮奈」だけでなく「布由己母利（冬ごもり）伊真皮々留丁（部）止（今は春べと）」と木簡の右半分に書き、その左半分には「佐久」としるす木簡がみつかっている。なお近時平安京藤原良相《よしみ》邸跡から、九世紀後半の「奈尓波都」の木簡が出土して注目をひいた。

さらに平城宮跡からは〝なにはづ〟の歌や「九九八十一」と書いた習書の墨書土器（四点）が出土している。また「□《（合カ）》請請解謹解申事解□奈尓波津尓（表）佐久夜己乃波奈□□□」の上申文書の習書につづく〝なにはづ〟の歌の木簡もみつかっている。法隆寺の五重塔初層の天井組子には「奈尓」や「奈尓波都尓佐久夜己」の落書があり、また平城宮出土土師器の皿の外面に「尓波都」、平城宮出土木製容器に「奈尓波」などの墨書があった。

〝なにはづ〟の歌が、少なくとも七世紀後半から八世紀にかけて、手習いの歌としてさかんに書かれていたことは、前掲の木簡・墨書土器あるいは落書だけをみても明らかであり、その出土地は大和国・阿波国にとどまらず越中国・近江国などにおよんでいる。『古今和歌集』の「仮名序」が「うたのちゝはゝ（父母）のやうにてぞ、てなら（手習）ふ人の、

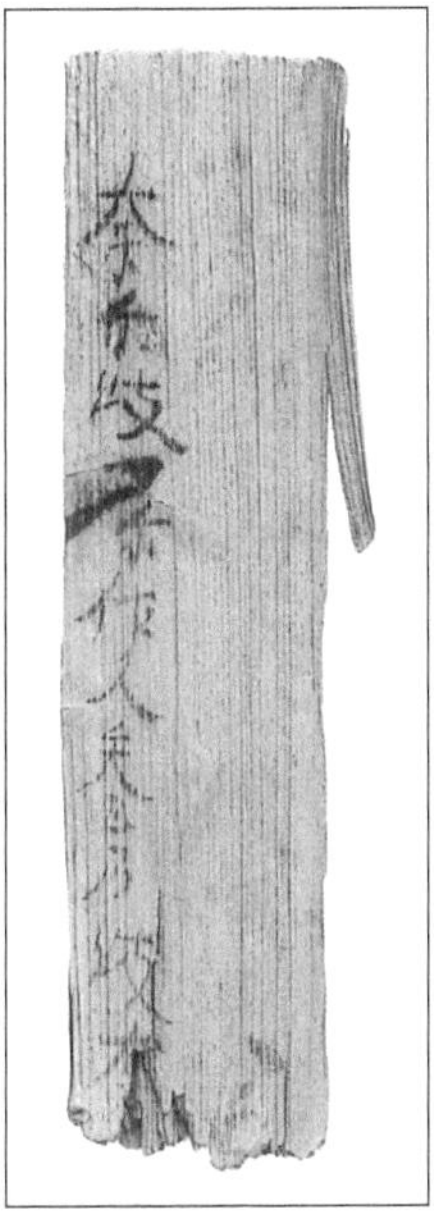

観音寺遺跡「なにはつ木簡」（徳島県立埋蔵文化財総合センター蔵）

はじめにしもける」とのべているのは、〝あさか（安積）山〟の歌はともかく〝なにはづ〟の歌に関しては確かな記述であった。

歌碑と木簡など

平成二十一年（二〇〇九）の十月、大阪市生野区旧猪飼野の鎮守御幸森天神宮境内に、百済から渡来した王仁博士が歌ったと伝える〝なにはづにさくやこのはな冬ごもりいまははるべとさくやこの花〟の歌碑が建立された。

日本最大のコリアン・タウンとして有名な猪飼野に、『古事記』や『日本書紀』をはじめとする古典に、応神朝に渡来したという百済の王仁博士が詠んだとする〝なにはづ〟の歌が、藤原宮出土の「万葉仮名」の木簡文字（右）・藤原定家直筆の仮名文字（中央）、江戸時代の朝鮮通信使の通訳として活躍した雲明のハングルの書（左）を模刻した歌碑として建立されたのは、きわめて意義深い。

その建立を助言した私がその後ずっと疑問にしてきたのは、この〝なにはづ〟の歌が現在のところ少なくとも木簡に十九点、土器に十二点、建築部材に三点、瓦に二点もみえることである。その遺跡は畿内を中心に東は越中（富山県）、西は阿波（徳島県）におよんでいる。歌を記した木簡などでは〝なにはづ〟の歌が圧倒的に多い。

前述したように、紀貫之は『古今和歌集』の「仮名序」のなかで、王仁博士が詠んだとしるす〝なにはづ〟の歌と『万葉集』（巻第十六）の〝安積香山《あさかやま》影さへ見ゆる山の井の浅き心を我が思はなくに〟の歌の「このふたうた（二首）は歌のちちははのようにてぞ、てならふ人のはじめにもしける」と手習いのはじめに書く歌としている。

滋賀県甲賀市の宮町遺跡で出土した木簡にはこの両首が書かれていて、手習いの習書木簡の可能性が強いが、「難波津」の歌は木簡をはじめとする出土例が多いばかりでなく、時代も七世紀後半の奈良県桜井市山田寺跡の瓦のヘラ書きから十世紀前半ごろの京都市醍醐寺五重塔初層の天井板墨書まで長期間に及ぶ。そしてなかに「奈尓波」・「奈尓」とはじめの二、三字しか書いていないものもある。

これらをたんなる習書や落書きと簡単にきめるわけにはいかない。〝なにはづ〟の歌はたんなる歌ではなく、〝なにはづ〟の歌は呪力を持つ歌であったから、このように数多くしかも幅広く長期間に書かれたとみなす説がある。

たしかに難波津は西日本の表玄関にあたる港であり、孝徳朝・聖武朝の都ともなった。そればかりでなく、難波津につながる大阪湾は国生み神話の舞台であり、『日本書紀』の欽明天皇元年九月の条には「難波祝津宮《はふりつのみや》」と記載するように、古代の王権のまつりとも深いかかわりをもっていた。

大嘗祭の翌年に、天皇の御衣を納めた箱をもって難波津に下向し、大八洲《おおやしま》の御霊《みたま》を御衣に付着する鎮魂（ミタマフリ）の八十島祭《やそじままつり》の初見記事は嘉祥三年（八五〇）だが、文武天皇から光仁天皇までの各天皇が大嘗祭の翌年に難波に行幸しているのも偶然とはいえまい。伊勢大神に奉仕した斎宮が都へ退下する際に難波津で禊《みそぎ》をしたという伝えもある。〝なにはづ〟の歌には聖なる呪力が期待されたのではないか。

枚方市藤坂の墓

それならなぜ大阪府枚方市の藤坂（阪）の地に王仁博士の墓ができたのであろうか。それについては片山長三氏の「王仁塚」という論文がある（「王仁塚」、『懐徳』二六号）。

片山氏の考察によれば、王仁塚の変遷はおよそ次のようになる。享保十六年（一七三一）に、京都の儒学者並河五市郎が河内国交野郡禁野《しめの》の和田寺におもむいたおりに、和田寺の住職であった道俊が、元和二年（一六一六）の正月にしるした「王仁墳廟来朝紀《（ママ）》」を読んで大いに感動したという。

その「王仁墳廟来朝紀」には、『日本書紀』に記載する王仁博士の渡来に関する伝承を簡明にしるして、つぎのようにのべられていた。「是《これ》本朝の儒風の始祖也、儒学是に興る。即ち我が朝学校の権輿也、封戸として大和十市縣《（ママ）》を以て食禄と賜ふ。今大和国十市郡百済郷是也、王仁歿するに及び、河内文の始祖博士の墓与《（ママ）》紀書、河内国交野縣《（ママ）》藤坂村に葬り、墓を造る。即ち藤坂村民字御墓谷と称し、土俗於爾《おに》の墓と誤つて訛る」（原漢文）と。この文書を読んだ並河五市郎は、代官所に申しでて、領主久貝印旛守にはかって、御墓谷にある自然石（俗称於爾《おに》の墓）の側に建てたのが「博士王仁之墓」であった。

この元和二年の「王仁墳廟来朝紀」を書いた西村道俊はみずから「百済裔孫」とし、王仁博士の子孫とする百済広国をおのれの祖先と伝えている。並河五市郎は丹波の生まれで、諱《いなみ》は永、号を誠所といい、伊藤仁斎に学んで『摂津志』『河内志』などを編纂した。享保十六年の河内国交野郡の和田寺訪問も、『河内志』の編纂とのかかわりがあったに違いない。

その後の王仁塚は荒廃の一途をたどったが、片山論文は「河内国交野郡招提村（現枚方市内）家村大次郎聞書」などによって、京の有栖川宮家の宮侍であった家村孫右衛門が中心になって、文政十年（一八二七）に「博士王仁墳」の碑を建てた事情を説明している。招提寺出身の家村孫右衛門は『王仁旧記』を所蔵しており、同宮家の儒臣漢部公明《きみあき》・家村氏の親族にあたる大石兵庫（山城国葛野郡太秦村居住）とともに王仁墓の建碑をこころみ、「博士王仁墳」の染筆を有栖川宮幟仁《たかひと》親王に請うたという。

ついで明治二十五年（一八九二）には、王仁墓の整備と墓域拡張計画が具体化したが、日清戦争の勃発によって中絶し、明治三十二年にはその年に挙行された「仁徳天皇千五百年紀年祭」を契機として再び墓域の拡張と「文学始祖博士王仁」の記念碑建立が進められた。しかし今度は日露戦争の開始によって、その計画も縮小される。文政の碑を丘上に移建して石段を設けて堀をめぐらし、小さな茶所（休憩所）を設けるにとどまったという。

昭和二年（一九二七）には王仁神社の創立が大阪府へ出願され、同五年にはその奉告祭と地鎮祭が執行されたが、日中戦争などによって再び中絶して、墓碑のまわりに石玉垣や石灯などが整備された。旧暦三月三日には春祭が行なわれ、現在の「史跡　伝王仁墓」へとうけつがれてきた。

なぜ枚方市の藤坂を中心に王仁墓の伝承が形づくられてきたのか。明治の王仁塚顕彰事業の経過については、明治四十一年の寺島彦三郎氏の『文学始祖博士王仁』にも詳述されているが、その顕彰事業の趣旨が「我帝国文学ノ始祖タル王仁ノ偉功ヲ天下ニ頌表センモノト思ヒ立チ」にあったことは『文学始祖博士王仁』のなかでも力説するところである。昭和七年の東京の上野公園に王仁博士の銅像を建設する趣意書をみても「聖皇ノ帝師」、「文教の始祖」に主眼があった。そして日韓・日朝関係の「融和」あるいは「友好」のシンボルとして、たえず王仁伝承がよみがえってきた。

だがなぜ河内国交野郡の藤坂の地に伝王仁墓が造営されるにいたったかについては、これを物語る確実な史料はない。しかし古くからその墓は民衆の間で「於爾《おに》」の墓とよばれ、その墓のある場所は字《あざ》御墓谷と称されており、「王仁墳廟来朝紀」がしるすように、この地域は河内の文氏の本拠地とのつながりをもつところでもあった。「河内文氏の始祖」を王仁博士とあおぐが故に、その伝承の墓が河内のなかで具体化したのであろう。

なお王仁博士は、河内ばかりでなく、近世儒学の興隆と合わせて、各藩でも学問の始祖とあおがれるようになり、たとえば丹波亀山藩（現亀岡市内）の山鉾祭（現亀岡祭）の山鉾には王仁をご神体とする「難波山鉾」が登場する。安永六年（一七七七）（欄縁の箱銘）のころに昇山《かきやま》として建造され、寛政十一年（一七九九）曳山《ひきやま》に改造されたことがわかっている（『引山記』）。また百済ゆかりの渡来の地には、王仁神社などが造営されている例のあることを付記する。

馬そして才伎

前述したように文氏には文字どおり内外の記録を担当する人びとが多かったが、西文氏《かわちのふみし》のなかには馬とかかわりをもつ者が少なくなかったことをみすごすわけにはいかない。西文氏の支族のひとつに武生氏《たけふ》があるが、もともとは馬人や馬史《うまのふひと》あるいは馬首《うまのおびと》を名乗っており、天平神護元年（七六五）十二月五日には、河内国古市郡の馬毗登《うまひと》益人ら四十四人は武生連という氏の名を与えられている（『続日本紀』）。このおりに武生連となった馬毗登国人は天平十年（七三八）のころには馬史を称しており（『大日本古文書二四』）、『万葉集』には、馬史国人が河内国伎人《くれ》郷の国人の家で宴を開いたことがみえている（巻第二十・四四五七）

馬の文化といえば昭和二十三年（一九四八）の『民族学研究』に発表された江上波夫博士の「騎馬民族征服王朝説」が有名である。江上騎馬民族説はその後補正されているが、基本的な見解に変化はない。江上説に対する私見は『日本民族の源流』（講談社学術文庫）の「解説」で詳述したが、四世紀前半に大陸から朝鮮半島をへて渡来した騎馬民族が倭人を征服したとみなすこの大胆な仮説には、にわかに同調するわけにはいかない。四世紀の段階で騎馬の風習があったことを証明する遺跡や遺物はほとんどなく、むしろ五世紀になってからのたとえば西漢氏らによる馬の文化に注目すべきであろう。

五世紀のころから河内の地域で馬の飼育が行なわれ馬の牧《まき》などのあったことは、大阪府の四条畷市の蔀屋《しとみや》北遺跡、あるいは鎌田遺跡さらには奈良井遺跡をはじめとして馬骨が多数みつかっているのにも明らかである。したがって河内には馬を飼育した馬飼の人びとが数多く存在し、

『日本書紀』にも「河内飼部」（履中天皇五年九月の条）・「河内馬飼首歌依」（欽明天皇二十三年六月の条）・「河内馬飼造《うまかいのみやつこ》」（天武天皇十二年九月の条）などとあるほか、娑羅々《さらら》馬飼造や菟野《うの》馬飼造も河内を本貫とし、河内に馬飼の集団が濃密に分布していたことを物語るのである。

武烈天皇亡きあと、越前の三国で成長していたオホド王（継体天皇）を擁立するために派遣された密使が、河内馬飼首荒籠《あらこ》であったのもけっして偶然ではない。深草秦氏が馬の文化と密接なつながりをもっていたことは第I部第二章で言及したが、馬は軍事や交通ばかりでなく、交易のほか通信連絡の益畜として活用されたのである。『延喜式』の左右馬寮に属した馬飼戸の数をみても、河内の馬飼戸がもっとも多く、馬飼の伝統は平安時代にも生きつづいていたことがわかる。

『日本書紀』の雄略天皇七年の条には、東漢直掬に命じて今来の漢の陶部《すえつくりべ》高貴《こうき》・鞍部堅貴《けんき》・画部《えかき》因斯羅我《いんしらが》・錦織《にしごり》定安那錦《じょうあんなこん》そして訳語《おさ》（通訳）卯《う》安那《あんな》らを渡来させ、上桃原・下桃原（高市郡内か）・真神原（明日香村）に遷居せしめたとみえている。

そして註に引用する「或本」には吉備臣弟君《きびのおみおときみ》が百済から漢《あやの》手人部・衣縫部・宍人《ししひと》部（食肉など調理にたずさわる）とのべられている。五世紀から具体化する窯で焼成度の高い須恵器を造る人びと、馬具の製作者、そして画かきの人、高級の織物や衣服を作る人など、まさに技術革新の今来の才伎《てひと》の渡来とその発展に漢氏がかかわりをもったことを示唆する貴重な史料である。

漢氏が外交関係でも活躍したことは、たとえば欽明天皇三十一年（五七〇）四月のころに高句麗使が北海へ来着したおりに、東漢直糠児《あらこ》らが迎えにおもむき、近江路をへて山背の相楽郡

（木津川市のあたり）にあった高槭《こまひつ》館《むろつみ》（相楽館）で接遇している例にもみいだされる。文氏が国内ばかりでなく外交文書の記録にもたずさわったことはいうまでもない。

第四章　高麗氏と船氏

Ⅰ　渡来とその役割

高麗の使人

高句麗から渡来して日本列島に居住した人びとを高麗（狛）氏とよぶ。史料に高麗人の渡来をはじめてしるすのは、『日本書紀』の応神天皇七年九月の条に「高麗人・百済人・任那人・新羅人、並に来朝」の文である。そして同二十八年九月の条に「高麗王、使を遣はして朝貢」とあり、仁徳天皇十二年九月の条には「高麗国、鉄の盾・鉄の的《まと》を貢る」、同五十八年冬十月の条には「呉国・高麗国、並に朝貢」と記述する。

しかしこれらの記事の信憑性は疑わしい。『日本書紀』における高句麗の記事としては雄略天皇二十年冬のところに「高麗王、大きな軍兵を発《おこ》して、伐《う》ちて百済を尽《ほろぼ》す」とあり、同二十一年三月の条に「天皇、百済高句麗の為に破れぬと聞きて」、同二十三年四月の条に「筑紫の安致臣《あちのおみ》・馬飼臣《うまかいのおみ》等、船師《ふないくさ》を率ゐて高麗を撃《う》つ」が注意されるが、筑紫に「安致」という地名はなく、馬飼臣という氏族もいないので、『百済記』などの朝鮮側史書によって作文した可能性が強い。

しかし欽明天皇二十六年五月の条に「高麗人頭霧唎耶陛《づむりやへ》ら筑紫投化、山背国に置《はべ》り、今の畝《うね》原・奈羅《なら》・山村の高麗人の先祖なり」とのべるのは、かなりの信憑性がある。「畝原」の地はどこかそれは未詳だが、山背国綴喜郡（八幡市）に上奈良、下奈良の地があり、山背国相楽郡（木津川市）には山村の地があって、高麗人が居住した形跡が濃いからである。渡来の時期としては、第Ⅲ期段階とりわけ六世紀前半のころと推定できる。

高句麗との国交の確実な例は欽明天皇三十一年（五七〇）「高麗の使人」が北陸の「越の岸（石川県・福井県あたりの海岸）」に到着したとする記載である。

そして敏達天皇元年五月の条には「船史の祖」とする王辰爾《おうじんに》が東漢氏の文直《ふみあたい》や西漢氏の文《ふみの》首《おびと》たちでは解読できなかった高句麗の上表文（烏羽の表）を湯気で蒸《む》して柔らかな絹布に写しとってみごとに読み説いたというエピソードが載っている（後述参照）。

難波にも高句麗迎賓館ともいうべき「高麗館」があったけれども、高句麗使は敏達天皇二年（五七三）、同三年、天智天皇七年（六六八）など、その多くは北ツ海ルートで上陸している。

北ツ海のルート

私が日本海をあえて「北ツ海」とよんでいる点についても付言しておく必要がある。日本海という名が、ロシア提督クルーゼン・シュテルンの命名とする説はあやまりであった。たしかにその著『世界周航記』には「日本海」の名がみえているが、それよりも早く、イタリアの宣教師マテオ・リッチが一六〇二年に北京で作製した「坤輿《こんよ》万国全図」に漢字で「日本海」と書き、太平洋を「小東洋」としるしていた。わが国では蘭学者の山村才助が享和二年（一八〇二）に著わした『訂正増訳采覧異言』のなかで「日本海」の名称を用い、日本海に視点をおいて太平洋を「東洋」としるしている。古代出雲の歴史と文化を論究する場合、いわゆる環日本海文化圏のなかでしめた日本海沿岸地域、とりわけ出雲のはたした役割を軽視するわけにはいかない。

『日本書紀』の垂仁天皇二年是歳の条には、「一に云はく」として朝鮮半島南部の意富加羅国の王子とする都怒我阿羅斯等《つぬがあらしと》が、御間城《みまき》天皇（崇神天皇）の代に、越の笥飯の浦（敦賀市気比の浦）に渡来したとする説話を収録している。この説話には角鹿（敦賀）の地名起源説話の要素が濃厚だが、この都怒我阿羅斯等の伝承でみのがせないのは、彼が穴戸（長門）から「嶋浦をつたよひつつ、北ツ海より廻りて出雲国を経て此間に至れり」と伝えることである。出雲が朝鮮半島南部からの日本海ルートにあっても、その中継点であったことがわかる。

北ツ海という古代における海の名称が実際に使われていたことは、この『日本書紀』の垂仁天皇二年是歳の条ばかりでなく、『出雲国風土記』意宇郡毘売埼《ひめさき》の条・嶋根郡久宇《くう》島の凡条・

神門郡神門水海の凡条あるいは『備後国風土記』逸文などに、「北ツ海」とみえるのにも明らかである。古代に「日本海」とよぶ海の名称はなかったから、私はあえて「北ツ海」という古典の海の名を使うことにしている。

北ツ海を経由して北陸などに上陸した高句麗使を接待する迎賓館が山背国相楽郡に設けられたことは、それなりの理由がある。飛鳥京や平城京に入る前の場所であるこの地域には、かなり古くから高麗人が居住していたからである。木津川市山城町に上狛・高麗の地名があるのも偶然ではない。

高麗寺

昭和十三年（一九三八）に京都大学の考古学研究室が発掘調査をして上狛の地で高麗寺跡を明らかにした。南門を入って塔が右、金堂が左に配置されている法起寺式伽藍配置で、飛鳥時代から少なくとも平安時代にかけて存在して平安時代末ごろ廃寺になった古代寺院であり、この地の高麗氏がかかわりをもっていたことが推定された。

しかも塔跡の心礎からは、はじめて仏舎利《ぶつしゃり》を納めた舎利孔がみつかり、さらに戦後の調査で塔と金堂がみごとな瓦積み基壇であり、整然とした正方形回廊跡も検出された。塔には金メッキの相輪があり、南門を飾った鴟尾もみつかった。出土瓦に線刻の観音菩薩があり、さらに風鐸の鋳型も出土した。

平安時代中期わが国最古の漢文による分類百科事典といってよい『和名類聚抄』には相楽郡

内に大狛郷、下狛郷があって、かなり広範囲に高麗人が居住していたことが想定できる。

現伝最古の仏教説話集で、薬師寺景戒が弘仁十三年（八二二）以後にまとめた『日本霊異記』の中巻・第十八話には山背国相楽郡内の高麗寺の僧栄常《えいじよう》をめぐるエピソードが収められている。法華経誦していた栄常とひとりの俗人が碁を楽しんでいたが、そのたびごとに俗人が高麗寺の僧をあざけったので、仏罰をうけて口がゆがんだという説話である。その高麗寺とあまり遠くない地域に高句麗使節の迎賓館が配置されているのは、相楽郡内には高麗人が数多く住んでいたからであろう。

樫原廃寺と高麗神社

京都市西京区樫原《かたぎはら》では、日本でもっとも古い八角塔跡がみつかっている。八角堂は法隆寺や興福寺などにあるが、八角塔は少ない。その建立は七世紀後半とされており、高句麗の平壌の清岩里廃寺や力浦区域戌辰里の定陵寺跡の八角塔とのかかわりが注目されている。

高麗氏は寺院との関係のみではない。神社ともつながりをもつ。河内国若江郡には巨麻《こま》郷があって（『和名類聚抄』）、大狛連の居住地域でもあったが、このあたりに高麗氏がかなり住んでいたことは、『新撰姓氏録』の河内国諸蕃に「高麗国の人、伊利斯沙禮斯《いりしされし》の後」とする「大狛連」「高麗国の人、溢士《いつし》福貴王の後」と伝える「大狛連」、さらに「高麗国の人、燕怒使主《えんぬりのおみ》の後」とするす「嶋木《しまき》」の氏族が列挙されているのをみてもわかる。そして河内国中河内郡には延喜式内社の許麻《こま》神社が鎮座した。

有名なのは埼玉県日高市の新堀で長く崇教されてきた高麗神社である。『日本書紀』の天智称制五年（六六六）十月の条には高句麗の乙相《いつそう》（官名）奄鄒《あむす》らが派遣されて渡来したことを記載する。そして大使が奄鄒であり、副使が達相《たちそう》（官名）遁《とん》と二位の玄武若光《げんぶじやくこう》らであったことを註記する。

この使節の目的については、唐が乾封元年（六六六）六月、高句麗討伐を開始したのに対して倭国に援兵を求めてきたとする説が当たっていよう。なぜなら唐は高宗の永徽二年（六五一）に、新羅を援けて百済を滅ぼし、ついで高句麗を征討する注目すべき対朝鮮三国政策をうちだし、実際に六六〇年には唐・新羅の連合軍によって百済は滅び、倭国に渡来していた義慈王の王子豊璋《ほうしょう》を百済の遺民らが帰国させて、六六二年の五月には国王となった。そして百済の再興をはかった。しかし六六三年六月、王権の内部で争いがおこり、名将鬼室福信が国王の命令によって殺された。

それが百済再興が頓挫するはじまりであった。

大津宮と渡来人

六六三年の八月二十七日には唐の水軍一七〇艘が白村江（錦江）河口のあたりで倭の水軍を待ちうけて戦ったが、一時退却して好機をうかがい、二十八日再び会戦となったが唐の水軍が倭の水軍を挟み撃ちにして、倭国の軍勢は大敗した。死者多数、四〇〇艘が焼失した。この両日の戦いが、世にいわれる白村江の戦いである。

国王に擁立された豊璋は白村江におもむいたが、敗北するや高句麗へ逃亡、百済最後の拠点周留城（州柔《すぬ》城）も陥落した。最終的に百済の復興は達成できなかった。倭軍の兵力は約五万人におよび、その動員には西日本の豪族たちが数多く加わっていた。

昭和六十一年（一九八六）の十二月に出版した『藤原不比等』（朝日選書）のなかで、私は「当時の情勢を、中国の史書や朝鮮の史書によって注意深く読みとる必要がある」とのべて、唐の朝鮮三国に対する姿勢を次のように指摘した。永徽二年（六五一）、すなわち第二次遣唐使派遣の二年前、唐の高宗は、百済王（義慈王）の遣使朝貢にたいして璽書《じしょ》を与えた。高宗の璽書には、その前年新羅の金春秋《こむしゅんじゅう》（後の太宗武烈《ぶれつおう》王）の子である金法敏が遣使奉書したところをよりどころに、百済が兼併した新羅の城は本国（新羅）に返還し、新羅が百済から捕虜としたものは百済に返すべしと命じられていた。そしてさらに王（百済の義慈王）がもし指示に従わなければ、金法敏の要請によって王と決戦するにまかせようとするものであった（『旧唐書』東夷伝百済条）。『資治通鑑《しじつがん》』の「唐紀」（高宗上之上条）では、「然らずんば、吾まさに兵を発して汝を討たむとする」とある。

『旧唐書』の前掲の条にしるす璽書にはまた、百済の隣国高句麗王（宝蔵王）に約束せしむこととして高句麗がもし高宗の命令を承知しなければ、「契丹諸蕃《きったんしょばん》」をして抄掠《しょうりゃく》せしめんとのただならぬ決意が付記されてもいた。唐の朝鮮三国に対する政策のこうしたありように注目したのである。

そしてそれは現実となった。天智称制五年十月の高句麗使は、六六六年の六月、実際に唐と新羅による高句麗攻撃が開始された状況を背景とする渡来であった。

翌年三月、都は大和飛鳥の後飛鳥岡本宮の（倭京）から近江の大津宮へ遷った。大津宮遷都の理由については別に詳述したが（「大津宮遷都の考究」、『論究・古代史と東アジア』岩波書店）、白村江の戦いでの大敗による遷都であったばかりでなく、百済についで高句麗が攻撃されている状況のなかで、それまで高句麗使の多くが近江路をたどって入京してきたコースでもある大津、高句麗を強く意識しての遷都でもあった。その遷都の推進者中臣鎌足（死の翌日に藤原の氏名を天智天皇より与えられる）が、百済王や高句麗とのまじわりをもっていたことは、天平勝宝八年（七五六）の『東大寺献物帳』に、「赤漆槻木厨子《あかうるしつきのきずし》一口」について「百済国王、内大臣（鎌足）に進《たてまつ》る」とあり、鎌足の曾孫藤原仲麻呂が天平宝字四年（七六〇）にまとめた『家伝』（上巻・鎌足伝）に高句麗王が鎌足に「内公書」を贈ったことをのべているのをみても明らかである。

天智天皇七年（六六八）七月、高句麗使が大津宮へ入っているのも、滅亡寸前の状況のもと最後の救援を求めた使節であったのではないか。『日本書紀』は同年の十月に高句麗滅亡とするが、『三国史記』や『旧唐書』は九月に平壌城陥落と記載する。

高句麗の神話

昭和五十九年（一九八四）の四月、『東アジアの古代文化』五五号に書いた「日本と朝鮮の神話」（『古代日本の史脈』所収、人文書院）でも指摘したように、『日本書紀』の天智天皇七年十月の条には「大唐の大将軍英公〈英国公李勣〉、高麗を打ち滅す」として、つぎの注目すべき記事を載せている。

「高麗の仲牟王《ちうむわう》、初《はじめ》て国《くに》を建《た》つる時に、千歳治《つとせをさ》めむことを欲《ほり》しき。母夫人《いろはのおりくく》の云《い》ひしく、「若《たと》ひ善《よ》く国を治《をさ》むとも得《う》べからじ。但《ただ》し当《まさ》に七百年《ななももとせ》の治有《をさめあ》らむ」といひき。今此《いまこ》の国の亡《ほろ》びむことは、当に七百年の末《すゑ》に在《あ》り」

この文の「高麗の仲牟王」とは、高句麗の鄒牟王のことである。『三国史記』新羅本紀には「中牟王」と記し、『同』高句麗本紀は「東明王」「諱《いみな》は朱蒙」、『同』百済本紀は「鄒牟或は朱蒙」と表記する。『姓氏録』では「鄒牟」「名は朱蒙」「鄒牟王」「須牟祁王」、そして『続日本紀』と同じように「都慕王」とのべる。「母夫人」とは好太王碑文などにみえる「母河伯女郎〈河の神の娘〉」のことである。もとよりその母夫人の言葉は『日本書紀』編者らの付加だが、『紀』の編纂関係者は、なんらかのかたちで、高句麗の建国神話とふれあっていたのである。

『日本書紀』の編纂関係者ばかりではない。宮廷の貴族・官僚層もまた、高句麗の建国神話ないしその関係伝承を知っていたと考えられる要素がある。たとえば『日本書紀』の大化元年七月の条には、難波の津の館にあった高句麗の使節に対して、巨勢臣徳太《こせのおみとくた》が「詔」を伝達するくだりがある。曰く「明神御宇日本天皇の詔旨、天皇の遣す使と、高麗の神子の奉遣の使と……」。この「詔」に「明神御宇日本天皇」などとあるのは、後の知識による潤色だが、問題は「高麗神子奉遣之使」〈原文〉と表記するところにある。これは注目すべき書きぶりといえよう。高麗使ではなく、わざわざ「神子奉遣之使」としるす。「奉遣」の用字もみのがせないが、「神子」と書くのは、好太王碑文などに高句麗建国の始祖を「天帝之子」と伝えるのと関連する。高句麗王を「神子」とするその意識が、鄒牟王の建国神話などのうけとめ方と無関係であったとはいいがたい。

若光と福信

ところで高麗若光は大宝三年（七〇三）四月に王姓を与えられ（『続日本紀』）、高麗王若光となったが、武蔵国の高麗氏の始祖としてあがめられ、若光が亡くなった時には、貴賤相集って屍を埋め、高麗明神と崇拝したという。これが埼玉県日高市新堀に鎮座する高麗神社の由来であり、その子孫があいついで高麗を名乗って現在の宮司家におよんでいる。なお神奈川県大磯町高麗には高麗人が入来した地の伝えがあって高来《たかく》神社が鎮座する。

霊亀二年（七一六）五月十六日には、駿河・甲斐・相模・上総・下総・常陸・下野あわせて高麗人千七百九十九人を武蔵国に遷して、初めて「高麗郡」を建郡したことが『続日本紀』に明記されている。

武蔵国高麗郡の出身者としては高麗（背奈）福徳がいる。福徳はかつては唐将李勣に属して平壌城攻撃に参加したが、後に武蔵国に居住し、その福徳の孫が有名な高麗（背奈）福信である。天平十五年（七四三）の六月には春宮亮《とうぐうのすけ》となり、天平十九年九月には背奈公から背奈王の姓を与えられた。天平勝宝二年（七五〇）には高麗朝臣となる（『続日本紀』）。翌年の『東大寺開田図』には中衛少将山背守巨万福信の署名がある。天平勝宝八年五月の聖武天皇の大葬のおりには山作司となり、同年七月には武蔵守になっていた。そして天平宝字七年（七六三）正月には但馬守、宝亀元年（七七〇）八月称徳天皇の大葬では御装束司となり、武蔵守を兼ねた。天応元年（七八一）光仁天皇の大葬では山作司をつとめ、延暦八年（七八九）十月十七日には散位従三位で八十一歳をもって薨去した。若年にして平城京に入り、友人と石上《いそのかみ》の衢《ちまた》で相撲をとってその実力を発揮したエピソードがある。

2　船史の軌跡

船史の由来

東漢文氏・西漢文氏は文氏の文字どおり記録を担当するものが多かったが、船の賦《みつぎ》（船にかんする税）を数え記録することを任務としたのが、欽明天皇十四年（五五三）七月の条にみえる船史《ふねのふひと》である。「フヒト」は「フミヒト」の転とされているが、この「史」という漢字は、祖霊に祝告する器を枝に捧げている象形文字であり、殷の王室ではマツリ（史祭）に用いられていた文字であって、史は祝史とも巫史ともいわれ、祭祀を担当した（白川静『漢字』岩波新書）。船史は天武十二年（六八二）十月に連姓を与えられたが、『日本書紀』の欽明天皇十四年七月の条では王辰爾《おうじんに》が「今の船連の先《おや》なり」とする。

王辰爾は前に言及したように、東文氏や西文氏などの解読できなかった高句麗使節の「烏羽《うは》の表」をみごとに読みとったが、大阪府羽曳野市野々上に所在する野中寺《やちゆうじ》は、俗に「中太子《なかのたいし》」とよばれているが、『日本霊異記』の下巻・第十八話には河内国の丹治比《たじひ》郡人の経師と「野中堂」の説話が載っている。船・葛井《ふじい》・津の三氏の墓地は野中寺以南にあって、野中寺は「寺山」とも称されていた。

『日本書紀』の欽明天皇三十年正月の条には、王辰爾の甥の膽津《いつ》が吉備の白猪の屯倉《みやけ》（大王や王族の所領）の民である田部の丁《よぼろ》（課税の対象となる男）の籍を校定させたことをしるし、敏達天皇三年十月の条には、船史王辰爾の弟牛《うし》を津史《つのふひと》にしたとのべる。

王辰爾の後裔

この王辰爾一族が百済系の渡来氏族であったことは、延暦九年七月十七日に、左中弁《さちゆうべん》正五位上兼木工頭《もくのかみ》百済王《くだらのこにきし》仁貞《にんちょう》、治部少輔《じぶしょうふ》従五位下百済王《くだらのこにきし》元信《げんしん》、中衛少将《ちゆうえのしょうしょう》従五位下百済王《くだらのこにきし》忠信《ちゆうしん》、図書頭《ずしょのかみ》従五位上兼東宮学士《とうぐうがくし》左兵衛佐《さひょうえのすけ》伊豫守《いよのかみ》津《つ》連真道《まみち》らが上表文を提出して、

「真道《まみち》らが本系《もとつすぢ》は百済国《くだらのくに》の貴須王《くゐすわう》より出《い》でたり。貴須王《くゐすわう》は百済《くだら》始《はじ》めて興《おこ》れるより第十六世の王《わう》なり。夫《そ》れ百済《くだら》の大祖《たいそ》都慕大王《とぼだいわう》は、日神霊《ひのかみれい》を降《くだ》して扶餘《ふよ》を奄《おほ》ひて国《くに》を開《ひら》き、天帝籙《てんていろく》を授《さづ》けて諸《もろもろ》の韓《から》を惣《あは》せて王《わう》と偁《なの》れり。降《くだ》りて近肖古《きんせうこ》王《わう》に及《およ》びて、遥《はるか》に聖化《せいくわ》を慕《した》ひて、始《はじ》めて貴国《みくに》に聘《むか》ひき。是《こ》れ則《すなは》ち神功皇后《じんくうくわうごう》摂政《せふしやう》の年《とし》なりその後《のち》、軽嶋豊明朝《かるしまのとよのあかりのみかど》に御宇《あめのしたしらしめ》し応《おう》

神天皇《じんてんわう》、上毛野氏《かみつけののうぢ》の遠祖《とほつおや》荒田別《あらたのわけ》に命《おほ》せて、百済《くだら》に使《つかひ》して、有識《いうしき》の者《ひと》を捜《さが》し聘《と》はしむ。国主《こくしゆ》貴須王《くゐすわう》、恭《つつし》みて使《つかひ》の旨《むね》を奉《う》けたまはりて、宗族《そうぞく》を択《えら》ひ採《と》りて、其《そ》の孫辰孫王《うまごしんそうわう》一名《またのな》は智宗王《ちそうわう》。を遣《つかは》して、使《つかひ》に随《したが》ひて入朝《みかどまゐり》せしめき。天皇《すめらみこと》、焉《これ》を嘉《よみ》したまひて、特《こと》に寵命《めぐみ》を加《くは》へて、以《もち》て皇太子《くわうたいし》の師《し》としたまひき。是《ここ》に始《はじ》めて書籍《しよじやく》伝《つたは》りて、大《おほき》に儒風《じゆふう》を闡《ひら》けり。文教《ぶんけう》の興《おこ》れること誠《まこと》に此《ここ》に在《あ》り。難波高津朝《なにはのたかつのみかど》に御宇《あめのしたしらしめ》しし仁徳天皇《にんとくてんわう》、辰孫王《しんそんわう》の長子太阿郎王《ちやうしたあらうわう》を近侍《きんじ》としたまひき。太阿郎王《たあらわう》の子《こ》は亥陽君《がいやうくん》なり。亥陽君《がいやうくん》の子《こ》は午定君《ごちやうくん》なり。午定君《ごちやうくん》、三男《みたりのをのこご》を生《う》めり。長子《ちやうし》は味沙《みさ》、仲子《ちうし》は辰尔《しんじ》、季子《きし》は麻呂《まろ》なり。此《これ》より別《わか》れて始《はじ》めて三姓と為《な》る。各《おのおの》職《つかさど》る所《ところ》に因《よ》りて氏《うぢ》を命《おほ》す。葛井《ふぢゐ》・船《ふね》・津《つ》連ら即《すなは》ち是《これ》なり。他田朝《をさだのみかど》に御宇《あめのしたしらしめ》しし敏達天皇《びだつてんわう》の御世《みよ》に逮《およ》びて、高麗国《こまのくに》、使《つかひ》を遣《つかは》して、烏羽《からすのはね》の表《へう》を上《たてまつ》らしむ。群臣《おみたち》・諸史《ふひとら》、これを能《よ》く読《よ》むこと莫《な》かりき。而《しか》るに辰尔《しんじ》進《すす》みてその表《へう》を取《と》り、能《よ》く読《よ》み巧《たくみ》に写《うつ》し、詳《つばひらか》に表文《へうぶん》を奉《たてまつ》れり。天皇《すめらみこと》、その篤学《とくがく》を嘉《よみ》して深《ふか》く賞歎《しやうたん》を加《くは》へたまひき。詔《みことのり》して曰《のたま》ひしく、「勤《いそ》しきかも、懿《よ》きかも。汝若《いましも》し学《がく》を愛《あい》せずは、誰《たれ》か能《よ》く解《と》き読《よ》まむ。今《いま》より始《はじ》めて殿中《でんちう》に近侍《ちかくはべ》るべし」とのたまひき。既《すで》にして、また東西《とうさい》の諸史《ふひとら》に詔《みことのり》して曰《のたま》ひしく、「汝等衆《いましたちおほ》しと雖《いへど》も辰尔《しんじ》に及《およ》ばず」とのたまひき。斯《こ》れ並《ならび》に国史《こくし》・家牒《かてふ》に詳《つばひらか》にその事《こと》を載《の》せたり」

と記載するのにも明らかである。「上表文」のなかに、午定君には三人の男子があって、長男は味沙《みさ》、仲子（まんなかの子、ここでは次男）は辰尔《しんじ》、季子（末の子、ここでは三男）は麻呂《まろ》とのべている。「味沙」は『新撰姓氏録』の「右京諸蕃」葛井宿禰の条に「塩君の男（子）味散君《みさきみ》の後」とする味散君に相当し、「辰尓」が王辰爾である。そして「麻呂」は『新撰姓氏録』の「右京諸蕃」の津宿禰の条に「塩君の男麻侶君の後」とする麻侶君がその人である。したがって『姓氏録』にいう「塩君」とは、この「上表文」にいう「午定君」にほかならない。前にのべた王辰爾の「弟の牛」は「上表文」にしるす「麻呂」であろう。

ここで注目すべきは、『日本書紀』の敏達天皇元年五月の条の王辰爾が高句麗使節の「烏羽の表」をみごとに解読したことに言及し、敏達天皇が「汝等衆《おほ》しと雖も辰尓（王辰爾）に及ばず」と賞讃したことに特筆し、「国史」（ここでは『日本書紀』）・「家牒」（各氏が家系を記録して朝廷に提出した上申文書）に「詳《つばひらか》にその事を載せたり」と強調している点である。

三氏の出自

『続日本紀』の延暦十年（七九一）正月十二日の春宮亮《とうぐうのすけ》正五位下葛井連道依《みちより》・主税大属《しゅさいたいぞく》従六位下船連今道《いまみち》らが上表して、「葛井・船・津連らは一つの祖より出でて別れて三氏となる」と上申しているとおり、船史（船連）・葛井史（葛井連）・津史（津連）は同族で、津連真道は延暦九年七月に菅野朝臣真道となり、平安京の都づくりには造宮次官として和気清麻呂を助けた。栄進して参議正三位となり、藤原緒嗣と桓武天皇の治世についてのいわゆる「徳政論争」を展開した。ついで延暦十年正月の上表によって葛井連道依・船連今道らも宿禰の姓を与えられていることを追記しておこう。

王辰爾といえば天智天皇七年（六六八）の船王後墓誌をみのがすわけにはいかない。大阪府柏原市国分の松岳山の丘陵のくずれた箇所から出土したと伝え、銅製で長さ二九・七センチで、表と裏に銘文がある。

船王後は船氏の「中祖王智仁」すなわち王辰爾の孫（王智仁→那《な》沛故《はいこ》→船王後）とし、乎沙陀《おさだの》宮《みや》治天下天皇（敏達天皇）の世に生まれ、等《と》由《ゆ》羅宮《らのみや》治天下天皇（推古天皇）の朝廷に奉仕し、阿《あ》須《す》迦宮《かのみや》治天下天皇（舒明天皇）の朝廷のおりに、天皇が照見して「その才の異なり仕へて切勲あるを知り、勅《みことのり》して官位大仁を賜ひ品第三となす」とのべる。

王辰爾を船氏中興の祖としているのは興味深いが、この墓誌の「官位」は「官位相当」とみなし、官位を位階と同義に用いた最初の例は、『続日本紀』の慶雲二年（七〇五）四月十七日の記事であって、天武朝末年以降に船氏の墓域を明示する意図もあって追葬された墓誌とする説がある。

この追葬説については『私の日本古代史』下巻（新潮社）のなかで疑問を提示し、つぎのような私見を論述した。

「しかしこの「官位」の用語は「官位大仁を賜ひ、品第三と為す」とのべるように「官の位」第三の冠位「大仁」をさし、慶雲二年以前にも、『日本書紀』ではたとえば天智称制四年二月の「官位」は百済の場合だが「官位の階級《しな》」とし、『日本書紀』天武天皇四年四月の条、持統天皇六年六月の条などにも「官位」の用例はあって、墓誌の「官位」を「官位相当」の「官位」と解釈するのはいかがであろうか。「治天下　天皇」の表記も「大宝令」の「御宇」・「御」のさだめ以前であり、私見では「船王後墓誌」が現在のところ天皇の用例の初見であると考えている。船氏が墓域を明示するために墓誌を追葬したとみなしうるあかしも、墓誌にはみえない。「近江令」を定め「庚午年籍」によって民衆を掌握した天智朝に「天皇」が使われていた可能性は高いと考えられる。

この墓誌が天武朝末年以降の追葬の墓誌であったとしても、遅くとも天武朝に「天皇」の用語が確実に使われていたことは、奈良県明日香村飛鳥池から丁丑年《ひのとうし》（天武天皇六年〈六七七〉）の木簡と共に出土した天武朝の木簡に、墨痕あざやかに「天皇」と書かれていたことによってたしかめられよう。天武朝にできあがって持統朝に施行された「飛鳥浄御原令」には「天皇」号が規定されていたと思われる。」

船氏は漢氏よりも渡来の時期は遅れるが、その系譜のなかで王辰爾の存在がいかに重視されていたかは、船王後墓誌にも反映されている。

なお唐からの渡来人の活躍もみのがせない。たとえば続守言《ぞくしゅげん》や薩弘格《さつこうかく》は『日本書紀』の編纂に大きな役割を担い（森博達『日本書紀成立の真実』中央公論社）、薩弘格は「大宝律令」の撰定にも参画したことを付記する。

第五章　百済王氏の軌跡

Ⅰ　百済の王族

善光と豊璋

渡来氏族のなかで忘れてはならぬ存在がある。それは百済王氏で、百済の王であった義慈王の子善光《ぜんこう》（禅広とも書く）の血脈につながる渡来氏族にほかならない。後述する百済王敬福《きょうふく》の薨伝（『続日本紀』）によれば、舒明天皇の代に、善光はやはり義慈王の子である豊璋《ほうしょう》と共に渡来したと伝える。

永徽《えいき》二年（六五一）、唐の高宗は新羅と協力してまず百済を滅ぼし、ついで高句麗を征討するという注目すべき対朝鮮三国策をうちだした。そして六六〇年に唐・新羅の連合軍が百済総攻撃を決行した。まずその年の六月、唐の蘇定方《そていほう》は一〇万の軍を率いて百済へ向かうために山東半島から船団をくんで海を渡った。新羅の金春秋《こむしゅんじゅう》は陸路百済へと軍を進め、唐は五万の軍をもって援軍し、熊津城（公州）泗沘《しび》城（扶余）があいついで陥落した。そして百済の義慈王はじめ王族や貴族は唐へ連れ去られた。

唐は熊津都督府をはじめ五つの都督府を設けて百済の統治をこころみたが、都督や各地の行政官人には在地豪族を任命した。結果として百済の遺民たちが百済の復興をめざすのには好都合となった。

六六〇年の十二月、唐は永徽二年の方針どおり、百済のつぎには高句麗を滅ぼすために、蘇定方らが大軍を率いて高句麗の王都長安（平壌）城へ向った。その間隙をねらって鬼室福信《きしつふくしん》や余自信《よじしん》らが百済遺民を率いて各地で抵抗をつづけることになる。

ヤマトの朝廷は斉明天皇六年（六六〇）の九月に百済滅亡の情報を入手、同年十月には福信の使者が救援を求め、舒明朝に渡来していた王子豊璋《ほうしょう》を国王にするため帰国させるよう要請した。豊璋はその要請にこたえて帰国したが、豊璋と共に渡来していた王族余善光《よのぜんこう》は倭国にとどまり、持統朝に百済王という氏の名を与えられた。法隆寺に伝わる持統天皇六年（六九四）の「造像記銅板」に「百済在王此土王姓」（百済の王族が倭国で王姓を与えられている）とあるのが参考になる。

ところが、六六三年六月、再建されたばかりの百済王権で内紛がおこり、名将鬼室福信が豊璋の命によって殺された。この内紛が悲劇のはじまりであった。六六三年の八月二十八日、唐の水軍が倭の水軍を挟み撃ちにして、倭国の軍勢は白村江の戦いで大敗した。最終的に百済のない。復興は達成できなかったが、倭軍の兵力には日本の豪族が数多く参加していたこともみのがせない。

百済王敬福

日本にとどまった善光の子が昌成で、父に先立って天武天皇三年（六七四）の正月に亡くなる。この昌成の子が百済王良虞《りようぐ》（郎虞とも書く）であり、朱鳥元年（六八六）九月の天武天皇殯《もがり》のおりには、善光に代わって誄詞《しのびごと》を奏した。大宝三年（七〇三）には伊予守となり、養老元年（七一七）正月には従四位下となる。

『日本書紀』の天智称制三年三月の条に「百済王善光らを以て難波に居《は》べらしむ」とあるとおり、難波を本拠とし、百済郡が設置されたりもした。百済王良虞が摂津亮《すけ》になったことがあるのもそのゆかりを物語る。

百済王氏がひときわ政界で活躍するようになるのは、良虞の三男であった敬福《きようふく》のおりからである。『続日本紀』の天平神護二年（七六六）六月二十八日の条には、百済王敬福の薨伝が載っている。その薨伝によれば、前にも若干言及したように百済王の氏の名は持統朝に賜与され、百済王良虞は従四位下摂津亮になったとのべられている。百済王敬福は「放縦《ほうしよう》にして拘《かか》はらず、頗《すこぶ》る酒を好」み、聖武天皇の寵遇をえて、「政事の量（行政能力）」を発揮し、従五位下陸奥守となる（「敬福薨伝」）。敬福が陸奥守になったのは天平十五年（七四三）の六月であり、上総守を経て天平十八年四月には再度陸奥守に就任した。その敬福が東大寺大仏造立のために黄金九百両（総計）を献じたことは有名である。天平二十一年（七四九）の二月二十一日、陸奥守敬福から黄金出土の報告が届いた。天平二十一年の一月に東大寺大仏建立を勧進していた行基が八十二歳で亡くなっており、せっかく大仏が造立されても肝心の黄金がなかった。そのおりの吉報であった。同年の四月一日、開眼以前の盧舎那大仏の前殿において、聖武天皇は「此の大倭国は天地の開闢より以来に黄金は人国《ひとくに》（他国）より献る言《こと》はあれども、此の地には無き物と念《おも》へるに、聞看《きこしめ》す食国《おすくに》の中の東方陸奥国守従五位上百済王敬福い部内少田《おだ》郡に黄金出でたりと奏して献《たてまつ》れり。此を聞食《きこしめ》し驚き悦び貴び念《おも》はくは、盧舎那仏の慈《うつくし》み賜ひ福《さき》はへ賜ふ物にありと念《おも》はくは、受賜はり恐《かしこ》まり戴き持ち、百官の人らを率ゐて礼拝仕へ奉ることを、挂《か》けまくも畏《かしこ》き三宝の大前に恐み恐みも奏し賜はく」とその感銘を大仏に奏した。その吉報は全国各地に伝達された。当時越中守であった大伴家持はそのことを知って、「陸奥国より金を出せる詔書を賀《ほ》く」長歌（『万葉集』四〇九四）、短歌（『同』四〇九五―九七）を詠んでいる。

その長歌のなかで、〝鶏《とり》が鳴く　東《あづま》の国の　陸奥《みちのく》の　小田なる山に　金《こがね》ありと　申したまへれ〟、また短歌のなかで、〝東なる陸奥山に黄金《こがね》花咲く〟と詠みこんでいるのは、天平二十一年四月一日の吉事をめぐる応詔歌であったことをはっきりと物語る。もっとも大伴家持が感動したのは、黄金の出土とその献上だけではなかった。むしろ聖武天皇がそのおり宣命のなかに、大伴・佐伯両氏に言及して、「また大伴・佐伯宿禰《すくね》は常も云ふ如く、天皇が朝守《みかどまも》り仕へ奉る事顧みなき人どもにあれば、汝たち祖どもの云ひ来らく、海行かば水漬《みづ》く屍、山行かば草むす屍、王のへにこそ死なめのどには死なじ、と云来る人どもとなも聞こしめす」とのべられていたことへの、こみあげる感激であった。それは、その長歌と短歌の内容をつぶさに吟味すれば明らかである。

〝海行かば〟の由来

第二次世界大戦中にラジオでさかんに放送された〝海行かば〟の歌詞が、大伴家持が陸奥国より百済王敬福が黄金を献上したことを知って詠んだ長歌のなかの「海行かば水漬く屍山行かば草むす屍」にもとづいていることを知っている人は少ない。こうしてその作曲が、昭和十二年（一九三七）の国民精神総動員週間のラジオ番組のために、当時の日本放送協会の小野賢一郎文芸部長に委嘱され、信時潔《のぶときさよし》によって作曲されたことを知っている人はほとんどない。

初演奏は同年十月二十二日の東京の日比谷公会堂で開かれた国民精神総動員中央連盟の結成式であった。そして同年の十二月二十二日からは「国民歌謡」として放送されるようになり、その楽譜は「栄養と育児の会」（わかもと製薬会社の前身）が組織した教育資料会によって同年十一月に出版され、全国の小学校に無料配付された。〝海行かば〟がわが軍の玉砕を伝えるニュースの前奏曲として放送されるようになったのは、昭和十七年（一九四二）の三月六日午後五時のニュースからであった。

敬福の功績

このように敬福の功績は日本の現代にまで形をかえてうけつがれたといってよい。天平二十一年四月二十三日、黄金九百両（総計）を献上した百済王敬福の名は一世を風靡することとなった。その功によって七階位をとびこえて、いちやく従三位に昇進し宮内卿となった。百済王敬福が宮内卿に任じられたのは天平勝宝二年（七五〇）五月であり、さらに河内守を兼任した。その後天平勝宝四年五月には常陸守となり、天平宝字元年（七五七）六月には出雲守、同三年七月には伊予守、同七年正月には讃岐守を歴任した。そして天平神護元年（七六五）二月のころには刑部卿となり、同年六月二十八日、刑部卿従三位を最後に、年六十九をもって薨じたのである。

百済王敬福がかなり早くから蝦夷地の経営と深いかかわりをもったことは、天平十年（七三八）の「上階官人歴名断簡」（『大日本古文書』）に「陸奥介百済敬福」とみえるばかりでなく、天平十五年六月に陸奥守に就任し、一時、上総守に転じたけれども、天平十八年の九月にはふたたび陸奥守となった状況にもうかがうことができる。その故に神護景雲二年（七六八）九月二十二日の陸奥国からの言上には、「前守従三位百済王敬福の時、他国の鎮兵を停止して、当国の兵士を点《さ》し加ふ」とその功績が「旧例」として特記されたのである。

蝦夷征討で活躍する坂上田村麻呂（渡来系の東漢氏の出身、第Ⅱ部第五章参照）も、敬福の孫にあたる百済王俊哲が陸奥鎮守副将軍だったおり、同時に副将軍に任じられている。また出羽守には同族の三忠・文鏡・武鏡があいついで就任しており、百済王俊哲のあとにはその子教俊が登場する。常陸守には敬福にさきだって百済王昌成の子遠宝が就任しており（『続日本紀』文武天皇四年十月十五日の条）、敬福以前から百済王氏と陸奥の地域とのかかわりはあったが、敬福以降いっそう蝦夷地経営とのつながりは密接となる。

百済王氏の政界における活躍をめぐって藤原仲麻呂との密接な関係に注目する指摘やまた仲麻呂と百済王氏との関係に変化が生じたのは天平勝宝六年（七五四）のころとする見解はあたっていよう。

藤原仲麻呂は多言するまでもなく、藤原南家の出身であり（武智麻呂の二男）、藤原豊成はその仲麻呂の兄であった。そしてその豊成の二男が藤原継縄《つぐただ》であった。藤原豊成は天平勝宝元年四月に右大臣となったが、兄弟の対立はしだいに激化し、橘奈良麻呂の変を契機に天平宝字元年（七五七）の七月十二日には右大臣を廃されて大宰員外帥に左遷された（ただし病と称して難波の別業に蟄居して任地へは赴かなかった）。藤原仲麻呂の乱の敗北によって、豊成が右大臣にかえり咲いたのは、天平宝字八年の九月であった。

藤原豊成の二男である藤原継縄と、百済王敬福の孫であり百済王理伯の娘であった百済王明信《みょうしん》が結婚したのは天平勝宝六年のころであった。豊成と仲麻呂の関係が微妙になっていた時期にあたっている。仲麻呂がその動きを警戒したことは想像にかたくない。天平宝字元年六月に百済王敬福が出雲守へと廟堂の政治から遠ざけられたのもそのこととつながりがあったと思われる。

天平宝字三年（七五九）の七月に伊予守に転じ、同五年十一月十七日には、新羅征討計画の具体化とあいまって、節度使が東海・南海・西海の各道に派遣されたが、そのおり百済王敬福は南海道の節度使（正）となった。この新羅征討計画は挫折し、同七年正月に敬福は讃岐守となった。百済王明信の父であり、敬福の子であった百済王理伯は、それにさきだって同年正月に肥後守に任じられている。

天平宝字八年（七六四）の九月に勃発した藤原仲麻呂（恵美押勝）の乱の鎮定の後、百済王敬福は天平神護元年（七六五）二月のころ刑部卿として中央政界に重きをなすようになる。同年十月十三日、称徳女帝は紀伊国へ行幸したが、そのおり従三位百済王敬福は、行幸護衛の後騎兵将軍となり、同年三十日弓削寺行幸のさいには、敬福らが「本国舞」（百済の楽舞）を奏している。そして翌年の六月二十八日、ついにこの世を去ったのである。

2　桓武朝廷と百済王氏

交野と百済寺

百済王敬福を中心とした百済王氏の一族は、山部親王即位後の桓武朝廷において、ますます親任された。百済王武鏡の娘である教仁は桓武朝廷の後宮に入って大田親王を生み、敬福の孫にあたる俊哲の孫娘（父は教徳）貞香には駿河内親王が誕生した。また俊哲の娘の教法も後宮に入る。また百済王明信と藤原継縄の間に生まれた藤原乙叡《たかとし》の娘であった南子も伊登内親王をもうけている。

百済王氏出身の女人が後宮に入った例は、嵯峨朝廷や仁明朝廷にもあるが、そのもっとも顕著な例は桓武朝廷においてであった。百済王氏に出自を有する桓武朝廷の後宮に入侍した女人は少なくとも九名にのぼる。

それら女人群像のなかで、もっとも注目すべき人物が百済王明信であった。百済王理伯の娘である明信は、宝亀元年（七七〇）十月二十五日に従五位下から正五位下となり、同六年八月十日には正五位上、同十一年三月一日は命婦として従四位下を授けられている。前述のように藤原豊成の子であった継縄とはすでに結婚していたが、桓武天皇の父である光仁天皇の代から朝廷で活躍するようになり、とりわけ桓武天皇の内寵をうけた。延暦二年（七八三）の十月十四日、桓武天皇がはじめて河内国の交野《かたの》に行幸して遊猟した（桓武天皇の交野行幸は延暦二十一年の十月まで、十三回におよぶ）。そして同月十六日には行在所に供奉した者に「進階加爵」し、百済寺（枚方市中宮）に近江・播磨二国の正税五千束を施入した。交野の地は百済王敬福が河内守となったころ（天平勝宝二年のころ）には、百済王氏の有力な本拠地となっていた。百済寺の創建がいつか。その確実な年次はさだかではないが、国の特別史跡となっている百済寺創建以前に渡来の人びとが居住していたことは、『播磨国風土記』揖保郡佐比岡《いいぼ》の条に「河内国茨田郡枚方里《ひらかたのさと》の漢人来至《き》りて」と記載し、また『新撰姓氏録』に交野忌寸《かたののいみき》の出自が「漢人」であることを伝え、さらに『古事記』下巻仁徳天皇の条に「秦人《はたびと》」が『日本書紀』仁徳天皇十一年是歳の条に「新羅人」が茨田堤の労役にたずさわったとする記事などからもうかがうことができる。

昭和七年（一九三二）の七月から十一月の調査で、回廊内に東西両塔を建立した薬師寺式伽藍配置であることがたしかめられたが、かつては百済の最後の都であった泗沘《しび》（扶余）の東南里廃寺と類似するとみなす藤沢一夫説もあった。昭和四十年から三か年にわたる調査で、西塔の基壇外装および西面回廊の詳細が明らかとなり、出土瓦には奈良時代後半から平安時代中頃までのものが含まれていて、百済王敬福が河内守であったころのかかわりが注目される。

桓武天皇とその側近が、朝鮮文化のみならず中国文化につながる思想の保有者であったことは、桓武天皇即位の年が辛酉《しんゆう》革命の辛酉《かのととり》年であり、天応という改元もそれにもとづく。平城京から長岡京への遷都の年が甲子《かっし》革令の甲子《きのえね》年であって、長岡京から平安京への遷都の日が辛酉革命にちなむ辛酉の日であったことも偶然ではない。とりわけ注意すべきは、わが国の王者で郊祀を確実に執行した最初の天皇が桓武天皇であったことである。

『日本書紀』によれば、巻第三の神武天皇四年春二月の条に、「わが皇祖の霊、天より降り鑒《み》て、朕が躬を光《てら》し助けたまへり、今、諸虜すでに平けて、海内事無し、以て天神を郊祀し、用て大孝を申べたまふべし」とみえている。そして「霊畤を鳥見山の中に立て」、「皇祖天神を祭りたまふ」とするす。この「郊祀」が冬至の日の郊祀とはおもむきを異にするばかりでなく、「申大孝」・「皇祖天神」など、その表現には書紀編者の潤色がいちじるしい。もとよりこれをもって古代日本の王者による郊祀のはじめとはしがたい。

『日本書紀』の斉明天皇五年（六五九）七月の条には第五次遣唐使のメンバーとなった「伊吉《いき》連博徳書《むらじはかとこのふみ》」を引用してこのおりの遣唐使が十一月の唐の郊祀に参加したことを物語っている。

そして参加した「諸蕃の中に、倭の客最も勝《すぐ》れたり」と記載する。しかしこの遣唐使の帰国後、朝廷で郊祀が行なわれた形跡は全くない。

天神郊祀

ところで『続日本紀』には延暦四年の十一月十日、「天神を交野の柏原に祀る、縮禱を賽してなり」とのべ、さらに延暦六年十一月五日に「天神を交野に祀る」と記述する。すでに都は長岡京に遷されており、交野（枚方市片鉾本町あたりとみなす説が有力）はその南郊にあたる。この天神郊祀が中国皇帝の郊祀にならったものであったことはまちがいない。

それは延暦六年の郊祀の祭文をみれば明瞭である。その祭文の主文は唐の皇帝の郊祀の記録『大唐郊祀録』に載す中国皇帝の祭文と同類であって、「高紹天皇（父の光仁天皇）を配神作主（神に配して祀る）尚《こいねが》はくば饗《う》けたまへ」というわずかな文だけが独自の文となっている。延暦四年の場合も同六年の場合もその郊祀の日は、ともに冬至の日にあたっており、冬至の日に天帝を南郊の天壇に祀るのは、中国皇帝の慣例であった。しかも交野は前にものべたように、百済王氏の有力な本拠であって、たとえば延暦六年の十月十七日には、桓武天皇は交野に行幸して遊猟し、藤原継縄の別業を行宮にしている。この継縄の別業が、妻百済王明信とかかわりのある別業であったことはいうまでもない。そして同月二十日にはその行宮で百済王らが「種々の楽」を奏し、百済王玄鏡、藤原乙叡（明信の子）に正五位下、百済王元真・善貞・忠信に従五位下、無位の百済王明本に同じく従五位下を授けて、長岡京へ還宮した（『続日本紀』）。

郊祀の場所が百済王氏の本拠であっただけではない。延暦六年の祭文の冒頭には、従二位行大納言兼民部卿造東大寺司長官の藤原継縄を遣わして昊天上帝《こうてんじょうてい》に告ぐことを述べ、また副文には藤原継縄を遣して高紹天皇に奉告する由をしるす。

すなわち交野の郊祀には、藤原継縄・百済王明信らが深くつながりをもっていたことがわかる。こうした郊祀は、平安京に都が遷ってからもつづけられていた。それは『文徳実録』に載す文徳天皇の郊祀の事例をみても推察できる（『文徳実録』斉衡二年十一月の条）。そしてその郊祀の前（十一月二十二日）には、桓武天皇の父である光仁天皇陵（後田原陵）に勅使を派遣して同月二十五日に交野で郊祀を執行し、あわせて光仁天皇を配祀することを奉告している。桓武天皇による交野の郊祀は、その後もうけついでつづけられていた（延暦十二年十一月十日の交野行幸も、その日が冬至にあたっており、おそらくこのおりも郊祀がなされたと考えられる。延暦二年から同二十一年までの間に、交野行幸は十三回もあった）。百済寺跡の近くに、百済王敬福ゆかりの百済王神社が鎮座するのもいわれあってのことである。

百済王らは朕の外戚

延暦二年の十月十六日には、交野行幸にちなんで、百済王利善を従四位下、百済王武鏡を正五位下、百済王元徳と玄鏡を従五位上、百済王明信を正四位下、百済王真善を従五位下にそれぞれ昇進させた。さらに同年十一月二十四日には明信を正四位上に昇叙した。

この交野遊猟のさいに叙位者のなかでもっとも高位を授けられたのは敬福の孫の明信であっ

百済王氏系譜

- 義慈王
  - 豊璋王
  - 善光（賜正広参）持統天皇朝に百済王の号
    - 昌成（賜外少紫）
      - 郎虞（従四位下）
        - 孝忠（従四位下）
          - 孝法女（従四位下）＊掌膳
        - 全福（正五位下）
          - 仁貞（従四位下）
            - 善貞（従五位上）
        - 敬福（従三位）
          - 理伯（従四位下）
            - 明信女（従二位）＊掌膳・尚侍 右大臣藤原継縄室
            - 俊哲（従四位下）
              - 教法女（従四位下）＊桓武天皇女御
              - 聡哲（正五位上）
                - 真善女（従五位下）＊桓武天皇女嬬
              - 教徳（従四位上）
                - 貞香女（従五位下）＊駿河内親王母
                - 真徳女（従五位下）＊桓武天皇女嬬
              - 貴命女（従四位下）嵯峨天皇女御
              - 教俊（従四位下）
                - 慶命女（賜従一位）嵯峨天皇女御
                - 永慶女 仁明天皇女嬬
            - 恵信女（従三位）＊尚侍
            - 明本女（従五位下）＊
          - 武鏡（従四位上）
            - 教仁女 ＊太田親王母
          - 利善（従四位下）
            - 忠信（従五位下）
          - 玄鏡（正四位下）
            - 元信（従五位下）(元真)
      - 南典（従三位）

た。延暦六年八月二十四日、桓武天皇は高橋津（大山崎町から島本町にかけてのあたりの淀川の津であろう）へ行幸し、当時大納言従二位であった藤原継縄の邸に立ち寄りその妻の明信に従三位を授けている。前述したとおり、高橋津へは延暦十一年十一月、十三年四月にも行幸があったが、「高橋津荘」と書くように、継縄の別邸が高橋津の近くに存在したことは疑えない。

延暦十三年七月九日、遷都にさきだって、平安新京に家を作る資として、百済王明信以下一五人の女性に、山背・河内・摂津・播磨などの国稲一万一千束を賜与したが、その筆頭はやはり明信であった（『類聚国史』）。延暦十四年の四月十一日、新京で曲宴が催されたおり、桓武天皇は古歌を詠じて新京を讃歌したが、その詠に和すようにと明信にこれを求めている。いかに桓武天皇の信頼が篤かったかがわかる。そして延暦十六年の正月二十四日には、尚侍従三位百済王明信に能登国の羽咋・能登南部の没官田と野七七町を与えた。延暦十八年二月七日には正三位となり、翌日にはまたまた交野への行幸があった。明信が散事従二位を最後として薨じたのは弘仁六年（八一五）の二月十五日である（『日本後紀』）、時に年七十九歳であったと伝えられる。

いま百済王氏をめぐる動向をかいまみてきたが、平安遷都と百済王氏、さらに桓武朝廷と百済王氏のつながりがいかに深いものであったかが判明する。したがって延暦九年の二月二十七日、大納言従二位藤原継縄を右大臣としたおり、百済王玄鏡を従四位下、百済王仁貞を正五位上、百済王鏡仁を従五位下に叙し、桓武天皇みずからが「百済王らは朕の外戚なり」と詔することともなるのである。

平安遷都をめぐる各氏族の評価のなかで、従来あまり評価されていない百済王氏の存在とその役割を改めて指摘してきたのは、従来の見解をたんに補足するためのみにとどまらない。桓武天皇の思想と行動においても、百済王氏のありようには軽視できないいくつかの問題がひそんでいるからである。

高野新笠

山部親王が百済の武寧王の流れをくむ和乙継と土師真妹との間に生まれた高野新笠を生母としたことは多言するまでもない。高野新笠は延暦八年（七八九）の十二月二十八日に崩去したが、桓武天皇即位のおりには皇太夫人と称していたのを、翌年追号して皇太后とした。そして、『続日本紀』にはつぎのような注目すべき記載がある。

高野新笠皇太后は「百済の遠祖都慕王（鄒牟王・朱蒙・仲牟王・東明王などとも書く）」で、「河伯（河の神）の女（娘）で、日精（太陽の光）に感じて生める所なり。皇太后は即ちその後なり。因《よ》りて以て諡《おくりな》し奉る」と記載する。その諡《おくりな》は藤原小黒麻呂らが誄詞《しぬびごと》して奉ったが、「天《あま》高日《たかひ》知日《しるひ》之《の》子姫尊《こひめのみこと》」であった。天照大神の「天高日知」ではない。高句麗の長寿王がその二年（四一四）に建立した「広開土王（好太王）陵碑」の冒頭にしるす神話にあるとおり、高野皇太后の遠祖鄒牟王（都慕王）は、天帝と河伯の娘の間に生まれたという、その神話にもとづいての「天高日知日之子姫尊」であった。

桓武天皇の生母高野新笠は「百済の武寧王の子純陁《じゅんだ》（淳陁とも書く）太子より出ず」と勅撰

史書である『続日本紀』は明記するが、そのいわれは和気清麻呂が「中宮に教えを奉り、和氏譜（新笠の父和乙継の氏族譜）を撰び之を奏す」とのべる『和氏譜』にも書かれていたにちがいない。

武寧王の諱《いみな》が斯麻《しま》王であったことは、一九七一年の七月から十月にかけて発掘調査された、韓国忠清南道公州宋山里第7号墳出土の武寧王の墓誌石に明らかであり、『日本書紀』の雄略天皇五年六月の条で、肥前の各羅《かから》嶋（佐賀県鎮西町唐島）で生まれて「斯麻」を名乗ったとする伝えと合致する。そして同じく『日本書紀』が継体天皇八年八月二十六日の条に「百済の太子淳陀薨《みら》せぬ」と記述しているのが参考となる。

だが高野新笠の百済王朝との血統のつながりのみで百済と桓武朝廷との脈絡を推測するのは尚早であろう。百済系渡来氏族の菅野真道《すがののまみち》らの存在も無視できないし、なかにも百済王氏との密接な関係を軽視するわけにはいかない。しかも菅野真道は、延暦九年七月十七日の上表文に、百済王仁貞、百済王元信（元真）、百済王忠信と共に連名して、その「本系は百済国貴須王より出たり」と主張した。前述したように菅野真道が平安造営にはたした役割は多大であったが、その真道も百済王氏との同族意識をはっきりと共有していた。

レガリア大刀契

いまひとつみのがしてはならない問題がある。それは皇位継承のレガリア（神璽）のなかにあった「大刀契《たいとけい》」をめぐる問題である。

いわゆる皇位継承のシンボルともいうべき神器が、二種（鏡・剣）であったことは、『日本書紀』が継体元年（五〇七）二月の即位のおりには「鏡剣の璽符」、持統天皇四年（六九〇）正月の即位では「神璽の剣鏡」を奉ると記載し、「大宝令」や「養老令」・『古語拾遺』などにも明らかだが、冷泉天皇から後深草天皇までの編年体の記録である『百錬抄《ひゃくれんしょう》』では、後嵯峨天皇即位の仁治三年（一二四二）正月の条からは「三種」とする。

このほかに践祚あるいは即位・譲位のレガリアとして「大刀契」があったことは、『日本後紀』・『続日本後紀』・『文徳実録』・『三代実録』などの史書ばかりでなく、『儀式』・『江家次第』・『人車記』などにもみえている。

そして『本朝世紀』・『扶桑略記』・『日本紀略』などによると、「大刀契」が唐櫃に納められて温明殿（賢所）に安置されていたことがわかる。そのことは『小右記』・『中右記』・『御堂関白記』・『百錬抄』・『玉葉』などにも記載されている。「大刀契」の伝授・継承は、平安・鎌倉時代にもつづけられた。その事情は『黄葉記』の寛元四年（一二四六）正月二十九日の条に、後嵯峨天皇が皇太子（後深草天皇）に譲位したおり、「大刀契、鈴印、時簡など、同じく之を渡さる」と明記しているのにもみいだされる。しかし南北朝のころになると廃絶されたらしく、『匡遠記』の観応三年（一三五二）八月十七日の条では後光厳天皇の践祚のさいには「大刀契、鈴印これを渡されず、紛失せしめしか、年来実なし」と書かれるありさまになっていた。

この「大刀契」は「節刀契」とも称されており、「大刀」のなかでは「璽剣二」が重視された。「大刀契」は璽剣と魚符形（魚形）をその内容とした。私がこと新しく「大刀契」に注目するのは、中御門右大臣藤原宗忠の日記である『中右記』が「件の二腰、本旨百済国献ずる所」とし、順徳天皇の有職故実の書である『禁秘抄』が「是、百済より渡さる所」、鎌倉時代中期の事物の起源などを記した辞書『塵袋』が「百済国ヨリタテマツル所也」、永和元年（一三七五）の大嘗祭の記録である『永和大嘗会記』が「大刀はいにしへの宝剣なり、節刀大刀みな百済国より奉れるつるぎなり」、一条兼良《かねよし》の『桃華蘂葉』が「是、百済貢進する所」などと明記する点である。

ところで皇位継承のレガリアとして「大刀契」が史上に登場するのはいったい何時か。これについては百済国滅亡のおりに、百済王のレガリアが百済の善光によってもたらされたとか、亡命百済国王を保護したおりに献じられたとかとする説もあるが、禅広（善光）は百済滅亡以前にわが国に渡来して居住しており、また百済国王みずからが日本へ亡命したというような史実もない。

百済滅亡のおりになんらかのルートで日本の朝廷に入ったとしても、『古事記』・『日本書紀』・『続日本紀』をはじめ、「大宝令」や「養老令」にも、レガリアとしての「大刀契」のことは全く伝承されていない。「大刀契」にかんする初見は、『日本後紀』の延暦二十五年（八〇六）三月十七日の条にみえる、桓武天皇の崩をうけて「璽幷に剣櫃を東宮に奉る」の記事である。この「璽」と「剣櫃」は伴信友がいうように、「璽」とは神璽の鏡剣であり「剣櫃」とは「大刀契」の「櫃」であった。

つまり桓武朝廷の代からレガリア化したと思われる。とすれば百済王氏の主家に伝承されていた「大刀契」が、桓武天皇みずからが「朕の外戚なり」としたころ、宮中に入ってレガリアのひとつとなったとみなす私説の方が、従来のいずれの見解よりも説得力にとむのではないか。

もっとも「大刀契」についてはなお検証すべき残された課題もあるが、百済王氏と桓武朝廷、そして平安遷都をめぐる前後の背景については、これまであまりにも百済王氏の存在とその役割が軽視されすぎてきたといわねばならぬ。

第Ⅱ部　渡来文化の諸相

第一章　文字の使用

Ⅰ　東アジアと漢字の文化

漢字の使用

第Ⅰ部では渡来人のなかでも渡来氏族として代表的な秦氏・漢氏・高麗氏・船氏そして百済王氏を中心に考察したが、第Ⅱ部では渡来人や渡来氏族が政治や経済ばかりでなく文化の分野でも大きく活躍したことを論究することとする。多くの研究者は「渡来人の影響」というが、それはたんなる影響にとどまらない。古代日本の文化そのものの担い手として活躍し、文化の創造にも注目すべき役割を果したというべきであろう。

そこでまず日本列島における漢字の使用が、渡来人および渡来氏族によって行なわれ、その普及に寄与したことから検討することにしよう。漢氏のなかの東文《やまと》氏や西文《かわち》氏そして船史が、記録の担当者として重要な任務に関与したことは前述したが、まず多くの渡来の人びとが、漢字を海外から導入し実際に筆録にたずさわった史実を改めてみつめてみよう。

人類の歴史と文化の発展において、文字の具体化とその使用は、画期的なできごとであった。中国で発達した漢字とその文化は、中国周辺の諸民族へと波及し、ベトナムなどにも漢字文化が影響をおよぼしている。とりわけ朝鮮半島や日本列島における漢字文化の受容とその変容のプロセスには注目すべきものがあった。

古代の東アジア文化圏を特徴づけるひとつに漢字とその文化のひろまりが存在する。だが、漢字文化の影響をうけた中国周辺の諸民族がすべて漢字文化をそのままに定着させたわけではない。十世紀の前半に創出された契丹文字をはじめとして、女真文字・モンゴル文字・チベット文字・西夏文字あるいはロロ族やモソ族の文字など、それぞれの民族において独自の文字が使用された。

漢字文化を受容して発展させた国々においても、それがそのままうけつがれて展開したわけではない。たとえば朝鮮半島では、丙戌年《ひのえいぬ》（五六六）の高句麗長安城城壁石刻文には、漢字を借用しながら朝鮮語を表記しようとした吏読《りとう》的書法をみいだすことができるし、ベトナムでは十四世紀に入ると、ベトナム語を表現する字喃《ちゅのむ》が使われるようになる。

古代の日本においても例外ではなかった。

後述するように、漢字の受容とその使用の歴史的なプロセスは多様であったが、漢文とは文体を異にする和風式漢文体（亜漢文体）が創出され、漢字の音と訓をまじえ用いて、倭語（日本語）を表記した、変則的な漢字文が使用されるようになった。いわゆる史部《ふひとべ》流とよばれる書法がそれである。

史部流の書法

たとえば埼玉県行田市の稲荷山古墳出土の辛亥年（四七一）銘鉄剣の銘文にみえる「乎獲居《おわけ》臣《おみ》」・「意富比垝《おおひこ》」・「多加利足尼《たかりすくね》」をはじめとする表記や群馬県高崎市山名町の辛巳歳《かのとみ》（六八一）の山ノ上《やまうえ》碑の碑文の「黒目刀自《くろめのとじ》」・「多多弥足尼《たたみすくね》」などの表記は、万葉仮名につながる字音仮名を用いての書法になっている。山ノ上碑の碑文の「母為《ははのために》」は、漢文なら「為母」と書くべきところが逆になったり、あるいは『古事記』（上巻）冒頭の「於高天原成神名」は、漢文なら「成於高天原神名」としるすべきところだが、「成」の順序が異なるなどの独特の書法がそれである。

また助詞などを字音仮名で表記して助辞として用いる真仮名まじりのいわゆる宣命《せんみょう》体の創出も独自の工夫であった。『続日本紀』に所載する宣命は（文武天皇元年から延暦八年まで）六二例であり、これに藤原宮出土の「宣命簡」や天平勝宝九年（七五七）三月二十五日付の孝謙天皇「宣命案」、天平宝字二年（七五八）八月一日付の孝謙天皇「宣命案」などを加えることができる。

一般的に宣命の真仮名の助辞は、小書《こが》きあるいは割書《わりが》きにするのが慣例となっているが、藤原宮出土の「宣命簡」では助辞が他の文字と同じ大書きとなっており、天平宝字二年の「宣命案」でも助詞を大書きで書いている部分がある。それらにも大書きから小書き・割書きへの書法の推移がうかがわれる。

日本の仮名文字が、漢字の偏《へん》や旁《つくり》などの字画を省略してつくられた片仮名、漢字の草書体から変化した平仮名であることは多言するまでもないが、漢字の字画を省略した書法は、たとえば前述した高句麗長安城城壁石刻文の「後卩」の卩は「部」の省略文字であり、島根県松江市大庭町の岡田山1号墳出土の円頭大刀銘の「各田卩臣」（額田部臣）などの書法と類似する。

朝鮮半島では独自の朝鮮文字（ハングル）があらたに作りだされるが、その場合は日本の片仮名や平仮名の登場のありようとは異なって、漢字や漢文を前提にするのではなく、朝鮮語にそくしてのあらたな文字の創造であった。

いまは中国で発達した漢字とその文化が、東アジアでどのように受容され、どのように変容していったかの一端をかいまみたにすぎないが、ことばと文字の問題は、日本列島内部のコミュニケーションにとって重要であったばかりでなく、政治・経済・社会・文化の展開とも密接なかかわりをもった。そしてそれは海外との外交・交易などにおいても重要な役割をはたした。

2　漢字の受容

導入のありよう

日本列島における漢字の受容を物語る遺物には、銘文のある鏡・剣・大刀・墓碑・墓誌などのほかに、印・貨泉《かせん》・仏像銘・木簡・墨書土器などがある。

北九州の甕棺墓などから『楚辞《そじ》』系の詩句や吉祥句を鋳出した漢代の鏡が出土し、また「貨泉」の二字を鋳造した王莽《おうもう》の貨泉（銅銭）が長崎県対馬市豊玉町のシゲノダン遺跡、福岡県志摩町御床松原《みとこまつばら》遺跡、同新町遺跡、山口県宇部市沖ノ山松原遺跡、大阪市平野区瓜破《うりわり》遺跡、京都府久美浜町函石浜《はこいしはま》遺跡などからみつかっている。沖ノ山松原遺跡の場合には五銖銭と半両銭が一一六枚も甕のなかから検出された。

『後漢書』東夷伝倭人の条には、建武中元二年（五七）に、「倭奴国、奉貢朝賀す、使人自ら大夫と称す、倭国の極南界なり、光武賜ふに印綬を以てす」という有名な記事がある。天明四年（一七八四）に博多湾口の志賀島《しかのしま》から偶然に出土したと伝える「漢委奴国王」の金印は、この朝貢記事に対応する物証とみなされている（太宰府天満宮蔵の『翰苑』は「紫綬の栄とする」）。

これらの出土例から、日本列島の倭人たちが漢字文化とふれあったのは、現在のところ、弥生時代のころからであったと推測される。

ところで委奴王国などの後漢王朝との外交には、はたして上表文などの文書の提出が行なわれていたのであうか。その点についての示唆にとむ見解が提出されている。梶山勝説によれば（「「漢委奴国王」金印と弥生時代の文字」『古文化論叢』第三〇（上））、「漢委奴国王」の金印は、外臣の異民族の王に与えた官印であり、「…王」で印文が終わっているのは、「漢王朝が文字を理解しない外臣の異民族の王・侯等に与えた官印であるため、印文の最後の「璽」や「印」に相当する文字を使用していない」ということになる。今後の検討を要する部分もあるが、「漢委奴国王」の金印が存在するからといって、ただちに委奴国王の外交が上表文などの提出をともなうものであったと速断するわけにはいかない。

弥生時代の遺跡から漢代の鏡や貨泉などの文字のある資料が出土していることはたしかだが、こうした文字資料の存在と文字の使用とを短絡的に結びつけるのは尚早であろう。この点で参考になるのが、鹿児島県種子島（南種子町）の広田遺跡でみつかった「山」字をきざんだ貝符（貝札）である。広田遺跡は海岸砂丘に営まれた墓地の遺跡で下層・中層・上層から多数の貝符類が出土しているが、弥生時代の終わりから古墳時代にかけての埋葬と考えられている上層から、「山」字をきざんだ貝符が出土した。貝符には装身具用のものと、副葬品としての葬具用のものとがあったと思われるが、上層から出土した貝符には身につけるための吊るし孔がなく、下層・中層出土の貝符の文様よりも簡単な文様になっている。これらの貝符は葬具用として作られたものであろう。この「山」字を、文字とみなすか非文字とするかで、意見がわかれているが、すでに指摘されているように、この「山」字は、後漢霊帝の光和六年（一八三）の白石神君碑《はくせきしんくん》の山の字（隷書体）と酷似する。私はこの「山」は文字と理解する方がよいと考えているが、しかし「山」字を文字としてきざまれているのか、まじない的意味の「呪字」としての「山」字としてきざまれているのか、そのありようは区別して論究する必要がある。貝符には呪符的・護符的要素をおびるものがあって、この「山」字は漢字の「山」と思われるが、呪符・護符としての「呪字」の「山」であったとみなす方が適当ではないか。これをなんらかのコミュニケーション的文字としてきざまれたものとは考えにくい（三重県嬉野町片部遺跡出土の「墨書」土器についての私見は後述参照）。

文書外交

ところで弥生時代後期の邪馬台国の段階のころの魏王朝との交渉の場合はどうであったか。『三国志』の『魏志（魏書）』東夷伝の倭人の条には、次のような記載がある。景初三年（二三九）の十二月、魏の明帝は邪馬台国の女王卑弥呼に対して「親魏倭王卑弥呼に制詔す」以下の有名な詔書を与えており、正始元年（二四〇）には、魏の使節梯儁《ていしゅん》らは「詔書・印綬を奉じて倭国に詣《いた》り、倭王に拝仮し幷《あわ》せて詔を齎《もたら》す」としるす。さらに「倭王使に因《よ》りて上表して詔恩に答謝す」とのべる。ここに「上表」と明記していることを軽視できない。

当時の外交が「文書」の伝達を媒介としてなされていたことは「王、使を遣はして京都・帯方郡・諸韓国に詣り、及び郡（帯方郡使）の倭国に使するや、皆津に臨みて捜露し、文書を伝送し、賜遺の物は女王に詣らしめ、差錯するを得ず」とあるのにもうかがわれる。

もっともこれらの「文書」による外交は、魏王朝や帯方郡使によるものであって、「上表」の文も、邪馬台国の人びとによってではなく、魏側の使者を通じての「上表」であり、邪馬台国の人びとが使用した上表文ではなかったとみなす見解もありうる。だが『魏志』の文には「倭王」が「上表」の主体であることを明記しており、その「上表」の文が邪馬台国女王の上表文であったことはまちがいない。使者を通じての「上表」であっても、その上表文はあくまでも邪馬台国女王の提出した「上表」の文であった。

当時の邪馬台国の外交関係者（たとえば市の管理者である都市の牛利《ごり》）に渡来系の人びとが加わっていたことは充分に推測しうる（後述参照）。それらの人びとのなかには文字を理解し使用する人たちがあったと考える方が自然ではないか。邪馬台国の外交の使者として活躍する「大夫難升米《なしめ》」などもそうした人びとであったと思われる。

したがって正始八年（二四七）のころ、魏の使節張政らが派遣されて「因りて詔書・黄幢を齎らし、難升米に拝仮せしめ、檄をつくりて之を告諭」した、その「檄」とは檄文のたぐいを意味したと考えられる。戦乱のなかで檄文・檄書・檄召がだされた古例は多く、「檄」の原義は木札の文書であった。

漢中平大刀銘

弥生時代に関連する大刀銘に、奈良県天理市櫟本《いちのもと》町の東大寺山古墳から出土した漢中平大刀銘文がある。銘文の冒頭にみる「中平□年」の「中平」は、後漢の霊帝の代の年号（一八四―一八八年）であり、この環頭大刀が後漢で作られたものであることは疑いない。この「中平」の時期は、後漢王朝ならびに朝鮮半島や倭国にとっても注目すべき時期であった。『三国志』の『魏書』の「公孫淵伝」に「度（公孫氏の公孫度）、中平六年（一八九）を以て、遼東（半島）に拠《よ》り、淵（公孫淵）に至る」としるすとおり、中平元年から後漢では黄巾の乱が勃発していたので、漢中平大刀は公孫氏を介して賜与されたと考えられる。

『三国志』の『魏志』東夷伝倭人の条には女王卑弥呼「共立」の前提として、「其の国、本亦《もとまた》男子を以て王となし、住《とど》まること七、八十年、倭国乱れ、相攻伐すること歴年」と記載する。このかぎりでは「倭国の乱」がいつごろであったかを確定することはできないが、『後漢書』東夷伝倭の条では「倭国の乱」を「倭国の大乱」とうけとめて、「桓霊の間、倭国大いに乱れ、相攻伐し、歴年主なし」とのべている。この「倭国の乱」を『後漢書』は桓帝から霊帝の間（一四七―一八八年）とみなした。唐の姚思廉が編纂した『梁書』や唐の李延寿の『北史』、九八三年ごろにまとめられた『太平御覧』ではさらに限定して「霊帝光和中」とする。すなわち霊帝の光和年中（一七八―一八三）のできごととみなしている。「中平」は光和のあとの年号であった。

この二世紀後半は、後漢王朝内部において黄巾の大乱が一八四年に勃発した時期であり、『魏志』に朝鮮半島では「韓濊彊盛《かんかいきようせい》にして郡県制にするあたはず」と特筆するような東アジアにおけるあらたな動向が顕著となる時期であった。日本列島内にあっては石器の製作が消滅し、鉄器の使用がしだいにひろまり、生産力や生産関係が大きく変化してきた時期であった。そのような流れのなかの「倭国の乱」のころの作刀であったことになる。

把頭の鋳銅製の花形飾りの環頭は、倭国でのちにつけかえられたもので、もとは素環頭であったと考えられている。東大寺山古墳の築造は四世紀後半であって、この漢中平の大刀がいつごろ倭国へ贈られたかはさだかでない。魏の明帝が女王卑弥呼に賜与した品のなかに「五尺刀二口」があって、これと関連づける説もあるが、東大寺山古墳の被葬者の副葬品として埋納されるまで、伝世された大刀であることはたしかであろう。その伝世者たちはこの金象嵌の大刀銘文をどのようにうけとめていたのであろうか。

3　漢字の使用とその担い手

茶戸里1号墓

文字の使用は、木簡・竹簡・金石文・漆紙文書あるいは墨書土器や墨書瓦のほかヘラ書きの遺物などによってもたしかめられるが、他方筆記具類の存在にもとづいて、その状況をうかがうことも必要である。

ここでは朝鮮半島における筆記具類の発掘成果を若干かえりみることにしよう。楽浪郡内において文書のたぐいが使用されていたことは、多くの印章や封泥が出土し、彩篋塚や楽浪第9号墳から硯が、また王光墓から長さ二・九センチの筆頭がみつかっているのにも察知される。さらに参考となるのは、韓国義昌郡東面茶戸里遺跡の茶戸里1号墓から出土した竹籠内の筆五点と漆鞘に入った鉄製の刀子である。

筆軸は黒漆木心で、筆毛が両側についており、筆軸の中間部と両端部にそれぞれ一つずつの小孔がある。両端部の小孔は筆毛の下端を糸で縛っている。これは挿入を容易にするためのものであり、中間部の小孔は、紐を通して書架などに吊り下げるためのものではないかと推定されている。筆の長さは約二三センチ前後である。筆にともなってみつかった刀子は、柄の端に環頭をもつ片刃の刀子であった。

この筆については、漆器用の漆の塗り筆、化粧筆、はたまた絵画用の絵筆などの説もあるが、李健茂説のとおり、筆記用の筆と考えてよいのではないか。筆にともなってみつかった刀子は木簡などに書いた漢字の誤りを削る書刀（削刀）であり、後漢の王充《おうじゅう》（二七―一〇〇年？）の『論衡』などに「一尺之筆」とあるのに、茶戸里1号墓出土の筆の長さは相当する。

この1号墓の時期は紀元前一世紀後半とみなされているが、朝鮮半島南部ではすでに筆記用の筆が使用されていたことが推測される。梶山勝論文では北九州から出土する鉄製素環頭刀子の「書刀として使用された可能性の有無を検討する課題」について言及されているが、弥生時代後期の遺跡から、今後の調査で筆記具類が出土する可能性は充分にあると予想している。

片部遺跡

一九九六年の一月、三重県松阪市嬉野《うれしの》中川町の片部遺跡の第三次調査で検出された墨書土器の報道があって、注目をあつめた。堰3の流水路内から弥生時代末の土器や四世紀のはじめの土師器に「田」の字ではないかとみなされている「墨書」があって、俄然学界をはじめ多くの人びとの反響をよんだ。「田」字説については、「虫」字説あるいは「玊（巫）」字説などもある。「田」とみなされている字の下の左右の「∟」・「┘」が書かれていないためだが、たとえば前述の岡田山1号墳の円頭大刀銘文の「額田部臣」の「田」の字が「田」とされている例などもあって、この土師器を実見した私自身は、「田」の字の可能性が高いと思っている。

この土器は酒器のたぐいというが、光沢をおびた高さ七センチ、直径一二センチの「墨書」土師器は、まつりに用いたと考えられる土器群のひとつで、あるいは農耕のまつりなどに用いられたものかもしれない。奈良時代などの墨書土器には一字を書いた例が多いが、四世紀のはじめのころの、この土器の「墨書」は、種子島の広田遺跡の「山」字貝符と同じように、なんらかのコミュニケーション的意味をこめて文字として書かれたものか、まつりのなかでの意味をもった「呪字」としての「田」字であったものか。私見では後者ではないかと考えている。一九九七年の八月二十五日、片部遺跡の近くの貝蔵遺跡で、三世紀初頭とみなされている墨書土器四点が出土して注目をあつめた。文字の墨書ではないが、墨書がすでに行なわれていたことを物語る貴重な資料といえよう。

私が片部遺跡で実感したのは、この「墨書」土器が、他の土師器よりは光沢をおびていて祭具ではないかと推測したほかに、後述するように五世紀後半のころの金石文の記録者が、渡来系のいわゆる「史部《ふひとべ》」系の人びとであったことにつながる要素もあるのではないかと考えたからである。象形文字の「史」は、祝詞を入れた器を枝につけて捧げた形に由来するといわれているが、神まつりなどのかかわりで、文字が使われる場合もあったはずである。

さきに朝鮮半島の筆記具類の若干を紹介したが、高句麗の壁画古墳のなかには、貴重な筆録者の姿が描かれている例がある。黄海南道安岳郡の安岳3号墳の壁画がそれである。墨書によって永和十三年（三五七）のころの築造であったことが判明するが、この古墳の被葬者と思われる人物のそばに、筆をもって記録にたずさわっている「文官」と思われる人がリアルに描かれている。日本風にいえば「史《ふひと》」にあたる人物と考えられる。

七支刀銘文と王賜銘鉄剣

奈良県天理市布留に鎮座する石上神宮には国宝の七支刀が「神宝」として保存されている。七支刀とその銘文については、たびたび論究したことがあるので、ここではくりかえさないが、泰和四年（三六九）ではじまるその銘文は、「百済王の世子」が「為倭王旨」に「造」ったものであることを物語り、その銘文が倭王の側の読み手を前提としてしるされていることは多言するまでもない。

倭国における文字の使用例として確実なものに、千葉県市原市の稲荷台1号墳出土の王賜鉄剣銘がある。直径約二七メートル、二段の築成とみなされている円墳の稲荷台1号墳は、五世紀中葉～後半の早い段階のころの築造だが、銘文には「王賜」とあって、「○○王」と記述していないことや「廷刀」の表記があることなどが注意される。しかも表の銘文の「王賜□□敬[安]」が裏の銘文の「此廷刀」以下の文よりも、二字あげて書く、貴人への書法（擡頭《たいとう》）の形式をとっていることもみのがせない。

朝鮮半島出土の大刀銘文としては、東京国立博物館蔵の環頭大刀銘文（一七字確認）がある。五世紀のころの作と推定されているが、その字音仮名や書風が、後述する埼玉県行田市稲荷山古墳出土の辛亥銘《しんがいめい》鉄剣と類似する点を軽視できない。韓国慶尚南道校洞11号墳出土の円頭大刀銘（七字確認）は判読できない部分が多いけれども、この大刀銘は11号墳出土の遺物からその築造の時期は六世紀はじめのころではないかといわれている。

辛亥鉄剣銘

昭和五十三年（一九七八）九月、埼玉県行田市の稲荷山古墳出土の鉄剣銘文がX線調査の結果、金象嵌銘文一一五字が明らかになった。「上祖」の意富比垝《おおひこ》は『記』・『紀』が崇神天皇の代のできごととする、高志道《こしのみち》（『記』、『紀』は北陸と書く）への派遣将軍大毘古命（『記』、『紀』は大彦命と書く）の可能性があるけれども、意富比垝から乎獲居臣《おわけのおみ》に至る八代の系譜を記し、乎獲居臣が「杖刀人の首」として「治天下」の「獲加多支鹵《わかたける》大王」を「左治（佐《たす》け治む）」することを述べたその銘文冒頭の「辛亥年（四七一）七月中記」にある「中」は、中旬などの意味ではない。「於」の時格の「中」（熊本県和水町江田《えた》船山《ふなやま》古墳出土の大刀銘にも「八月中」と書

稲荷山古墳出土の金象嵌銘鉄剣（裏）
「獲加多支鹵大王」銘文部分
（所有：文化庁、写真提供：埼玉県立さきたま史跡の博物館）

く）は、高句麗長安城城壁石刻文や中原高句麗碑文の「中」字、新羅の蔚州川前里書石、丹陽赤城碑文、慶州瑞鳳塚出土の銀合杅《ぎんごうう》などの「中」字の用例と同じであり、兵庫県養父市八鹿《ようか》町の箕谷2号墳出土の鉄刀銘に「戊辰年（六〇八）五月中」、渡来系の「鞍首止《くらのおびとと》利《り》仏師造」の法隆寺釈迦如来像光背銘文の「三月中」、『日本書紀』のなかの百済史料関係を利用したと思われる文に「甲子年七月中」（巻第九）、「秋九月中」（巻第十）とあるのも参考になる。

辛亥銘鉄剣銘には、そのはじめに「辛亥年七月中記」とあり、銘文の末尾に「記吾奉事根原也」とあって、一一五字のなかに「記」が重出するのも無視できない。山ノ上碑文はわずか五三字だが、その碑文の冒頭に「辛巳歳葉月三日記」とあって、やはり碑文の最後に「母為記定文也」と記す。

前にも言及したように「意富比垝《おおひこ》」などの人名表記は山ノ上碑文と同様であり、さらに『百済記』の「那加比跪《こ》」「沙至比跪《さちひこ》」などの表記と類似する。その字音仮名の用法と書風が前述したように国立東京博物館蔵の朝鮮半島出土の環頭大刀銘と似通っている点も改めて注目すべきであろう。江田船山古墳出土の大刀銘には、「書者張安也」と明記されている。辛亥銘鉄剣や江田船山古墳大刀銘などが、渡来系の人物によって書かれたことはたしかであろう。

東京国立博物館蔵の朝鮮半島出土の有銘環頭大刀の、X線によって判明した一二字の銘文の字音仮名の用法および書風、韓国慶尚南道昌寧郡校洞11号墳出土の円頭大刀銘文の書風と象嵌技法が、稲荷山鉄剣銘文に類似していることもみのがせない。

史部の役割

『宋書』の夷蛮伝倭国の条には、永初二年（四二一）から昇明二年（四七八）までのいわゆる倭の五王の一〇回におよぶ遣使朝貢記事が載っている。その南朝宋との外交が上表文の提出をともなうものであったことは、(1)「元嘉二年（四二五）、讃、又司馬《しば》曹達《そうたつ》を遣はして表を奉り方物を献ず」、(2)元嘉二十八年（四五一）「并びに上《たてまつ》る所の二十三人を軍郡に除す」、(3)「昇明二年、使を遣はして表を上る」とあるのにも明らかである。(2)の例にもみいだされるよう、倭王のみならず、他の「二十三人」も上表していることがわかる。

五世紀のはじめのころには、すでに上表文をともなう外交が行なわれていたことはたしかであった。それならこうした上表文の作成者はどのような人びとであったのか。『宋書』に「讃、又司馬曹達を遣はして表を奉りて方物を献ず」とあるのが注意をひく。この司馬曹達も渡来系の人物であったにちがいない。その点で興味深いのは、『日本書紀』の雄略天皇八年二月の条に、「身狭《むさの》村主《すぐり》青《あお》・檜隈《ひのくま》民使《たみのつかい》博徳《はかとこ》を遣はして呉国に使せしむ」とある記述である。雄略天皇二年十月の条には、大王（雄略天皇）が「唯、愛寵《めぐ》みたまふ所は、史部の身狭村主青・檜隈民使博徳らのみなり」とあって、大王の側近にあって記録などにたずさわっていた人物であったことがわかる。

身狭村主青と檜隈民使博徳は、ともに大和の高市郡内の檜隈の身狭（牟佐）に居住した朝鮮半島からの渡来系の人であって（『続日本紀』・『新撰姓氏録』）、雄略天皇十二年四月の条にも、「身狭村主青と檜隈民使博徳とを、呉に出使す」としるす。当時の対外交渉に活躍したこれらの人びとは大王側近の「史《ふひと》」であった。おそらく上表文なども、こうした人びとが筆録したにちがいない。倭王武の上表文を「亡命百済人」の起草とみなす論も示唆にとむ。

『日本書紀』の巻十四（雄略天皇紀）には「史戸」・「史部」の記事が多い。たとえば雄略天皇二年十月の条には「史戸河上舎人部を置く」とある。江田船山古墳大刀銘には「典曹人」という文官的人制の「職名」が明記されているが、『三国志』蜀書呂乂伝にみえる「典曹都尉」の「典曹」と同じで、当時の「朝廷」には、内外の文書関係にたずさわった官人が設置されていた可能性はきわめて高い。

この章のはじめに、ことばと文字の役割は、日本列島内部の政治・経済・社会そして文化の発展にきわめて重要な意味をもつことをのべたが、それは対外交渉、海外交易においても重要な役割をはたした。たとえば朝鮮半島南部と北九州などとの間では、古くは共通の言語文化圏が存在したと推定されるが、五世紀後半のころになると、倭語（日本語）と朝鮮語との差異も具体化してくる。『日本書紀』の雄略天皇七年是歳の条には、「新漢《いまきのあや》陶部高貴・鞍部堅貴・画部因斯羅我《いんしらが》・錦部定安那錦《にしごりべじょうあんなこん》」らの渡来・居住記事のなかに「訳語卯安那《おさうあんな》」がいる。この「訳語」は「通事」(通訳)であり、遣隋・遣唐あるいは遣新羅・遣渤海などの交渉にも登場する。倭の五王のころの外交にも、「通事」の随伴があったと考えられる。『日本書紀』の敏達天皇十二年是歳の条には、吉備海部直羽嶋《きびあまべのあたいはしま》が、百済にいる日羅を召喚する説話が載っている。そのなかで、「韓婦」と「韓語」を使って語る伝承がある。これなども「倭語」と「韓語」のちがいを象徴するエピソードといってよい。

4　文字使用のひろまり

漢字の理解

漢字文化とのふれあいが、朝鮮半島に近い対馬や北九州などではじまったことは、容易に推測することができる。その点で興味深いのは、対馬の上県町《かみあがた》佐護《さご》の旧廃寺跡の素朴な石の祠のなかにまつられていた小銅仏である。本体と台座を一緒に鋳造した一鋳造《いっちゅうづくり》の如来坐像で、その台座の脚部に一六行の銘文があった。そして北魏の年号の興安二年(四五三)と刻銘されていた。はたしてこの如来坐像がいつごろ対馬に伝わったのか、その時期は不明だが、仏教文化の伝来が大和よりも対馬や北九州などの方が早かったことは、『日本霊異記』や『新撰姓氏録《しんせんしょうじろく》』

の伝承あるいは福岡県の霊仙寺や大分県の満月寺の開基伝承などからもうかがわれる。

後の伝えだが、大江匡房の『対馬国貢銀記』には、欽明天皇の代に仏法が伝来した時、対馬の比丘尼が「呉音を以て之を伝ふ」とあり、また『維摩会縁起《ゆいまええんぎ》』や『元亨釈書《げんこうしゃくしょ》』には、その比丘尼は百済の法明尼であったとのべられている。史実のほどはともかく、参考となる伝承である。

ただし漢字文化とのふれあいをもって、それらの人びとがただちに漢字を理解しかつ文字を使用したとみなすわけにはいかない。たとえば奈良市の佐紀楯列《さきたたなみ》古墳群のなかの伝日葉酢媛《ひばすひめ》陵古墳（四世紀後半）出土の内行花文鏡では銘文が直線と弧線の組合せの文様となり、奈良県広陵町の新山《しんやま》古墳（四世紀後半）出土の方格規矩四神鏡では方格内の十二支の文字の配置をまちがえたり文様化している部分がある。佐賀県の唐津市浜玉町の谷口古墳（五世紀後半）出土の三角縁神獣鏡の銘文は左右が逆になっているばかりか、その位置が一字ちがっている。こうした例は鏡作りの工人たちが、仿製《ぼうせい》の鏡を作るさいに漢字・漢文を理解していなかったことを物語る。

筆録者たち

五世紀の段階では、前にのべたように渡来系の人びとを中心に筆録が行なわれ、いわゆる史・史部の中核もこれらの人たちによって占められていた。倭王権の外交などでも文字をよくする渡来系の人びとが活躍したことは、史料にみえる前述の司馬曹達・身狭村主青・檜隈民使博徳らの活躍にもうかがわれるが、それらの人びとの間にも新・旧の差異が生じてくるのは当然のことであった。「古渡《こわたり》」の人やその子孫と、新しく渡来した「今来《いまき》」の人たちとの新旧の知識のひらきがそれである。『日本書紀』の敏達天皇元年五月の条には、第Ⅰ部第四章で言及したようにその年よりさきに（欽明天皇三十一年）渡ってきた高句麗使節が持参した国書を、朝廷の史たちに読解させたけれども「三日の内に皆読むこと能はず」、船史《ふねのふひと》の祖とする王辰爾《おうじんに》が、その国書を解読して賞讃をあびたとする説話が載っている。いわゆる「烏羽《うは》の表」をめぐる事件のエピソードがそれである。

文字使用のひろまりに古渡《こわたり》や今来《いまき》の渡来人や渡来氏族が大きな役割をになったことは、こうしたエピソードにも反映されている。日本列島において文字が使用されるようになったことの意義はきわめて大きい。言語による会話や伝承の段階から記録によるコミュニケーションが行なわれ、政治・経済はもとよりのこと文化の発展にも多大な寄与をした。そしてその文字の使用は渡来人とその後裔によってになわれた場合が多いのである。

第二章　道教と役小角の宗教

I　朝鮮の道教

東西文化の「呪」の奏上

この章では紀元前後半中国の山東半島や陝西省などの地域で起こった、不老長生の現世利益の神仙思想を中心とする宗教すなわち道教と道教の信仰とかかわりをもつ役小角《えんのおづぬ》（役行者《えんのぎょうじゃ》）の宗教を検討することにしよう。役小角の宗教には山岳信仰と仏教そして道教が習合していることを明らかにし、その弟子に韓国連《からくにのむらじ》広足がいて、辛国連（韓国連）が「道士法」を行なったことも指摘する。道教もまた朝鮮半島から渡来した人びとによって流伝したことをみきわめたい。

倭国ないし日本国における道教の流伝について、私が深く関心をいだくようになったその発端は、『延喜式』所収の宮廷大祓の祝詞（中臣氏が奏上する）につぐ、「東・西文の忌寸《いみき》部の横《た》刀《ち》を献《たてまつ》る時の呪」の文をよんだおりからであった。その「呪」は祝詞のいわゆる宣命書きの文体とは異なった漢文体であり、「昊天上帝《こうてんじょうてい》、三極大君」からはじまって、道教最高の男仙たる東王父・最高の女仙たる西王母が祈願の対象として登場する。しかもその奏者は、百済系の東（大和）・西（河内）の文氏である。

宮廷の大祓が宮廷の祭儀として、少なくとも天武・持統朝に成立していたことはたしかであり、遅くとも「大宝令」の時点（七〇一年の頃）に、東・西文氏の「呪」の奏上があったことは、次の史料からもはっきりとみさだめられる。

大宝二年（七〇二）の十二月二十二日、持統太上天皇が崩去し、その年の十二月の大祓は中止されたが、「東・西の文部」の祓い（解除《はらえ》）がなされたことを、『続日本紀』が明記しているからである。すなわち「壬戌、大祓を廃せしむ、但し東・西文部の解除、常の如し」（大宝二年十二月三十日の条）としるす。「大祓を廃せしむ」の「大祓」とは、神祇伯の中臣氏が主導する「大祓」のことであり、「東・西文部の解除」とは、大和・河内の文氏が中心となる「呪」の奏上とこれにともなう祭儀のことであった。『続日本紀』の記事に「常の如し」とあるのは、大宝元年の十二月以前、すでに「東・西文部の解除」が宮廷で恒例化していたことを物語る。

古代の日本における道教の流伝についても、すぐれた先学の多くもこれを否定してきた。それは「神仙思想や老荘思想については、文学の上のみに認められ、知識としては超人間界とい ふ新しい観念を加へたけれども、実際生活の上においては毫末もそれを景仰したのではない」

（津田左右吉『文学に現はれたる我が国民思想の研究』）とか、「道教に関するいくらかの知識や経籍も伝へられてゐたに違ひないが、宗教としての道教は入つて来なかつた」（津田左右吉『日本の神道』、『全集』九巻、岩波書店）とする見解などにみいだされるし、和辻哲郎博士もまた同類の見方を表明していた（『日本古代文化』岩波書店）。

だが私はこうした見方に同調することはできなかった。そこで私なりに蒐集した史料や考古学的な資料にもとづいてまとめて公表したものが「古代日本の道教と朝鮮」（『日本のなかの朝鮮文化』三三号、一九七七年三月）である。私があえて道教の伝来といわずに「流伝」といいつづけてきたのは、現在までのところ残念ながらいわゆる教団道教の確実な存在を、古代日本でたしかめえないためである。また朝鮮半島における道教のありようをとくに注目してきたのは、紀元前三世紀の後半の頃から中国で具体化をみた道教の展開とそのありようは、もちろん重視しなければならないが、古代日本へまず道教が流伝した直接の〝ふるさと〟は、やはり朝鮮半島であると考えてきたからである。

流伝のふるさと

朝鮮の道教を軽視すべきではないとする私などの見解に対して、朝鮮半島からの渡来集団は中国道教のたんなるみこしのかつぎ手にすぎないとする批判もあるが、これは史実の検討をないがしろにした朝鮮蔑視の見方につながる。朝鮮半島における道教の発展にそくしての検証をこころみての〝みこしのかつぎ手〟論なら、それなりに説得力もあろう。だがそうした検証を欠落しての批判にはとうてい従うことはできない。

中国道教および朝鮮道教のありようをめぐる見解の一部は『古代の道教と朝鮮文化』（人文書院）に収録したが、古代の日本における渡来文化の一翼をになう道教の信仰が、朝鮮半島における道教と深いかかわりを保有していたことは、そのいくつかの史実をあげるだけでも察知されるはずである。その点についてはたびたび論述したので、ここではその代表的な若干の事例のみをあげておく。

朝鮮半島へいつ頃道教が伝来したか、この点についても諸説がある。『史記』によれば、秦の始皇帝が徐福とともに方士《ほうし》韓終を不死の仙薬をとるために派遣したとのべる。この韓終の派遣を「韓土」への道教伝来とみなす説の信憑性は疑わしい。その確証がないばかりでなく、いわゆる原初的教国道教が中国で成立したのは後漢、それも紀元後の二世紀の段階であって、秦の始皇帝の代はそれよりもかなり前の時期である。

『三国史記』や『三国遺事』には神仙思想や道教の信仰にちなむ記載がある。それはそれとして軽視できない伝承だが、その成書化の過程ないしは成立時における潤色の場合もあるから、それをそのままに史実とみなすわけにはいかない。金石文や考古学的資料などと照合して、『三国史記』や『三国遺事』の伝承を活用する作業が不可欠となる。

『三国史記』の高句麗本紀、栄留王（建武王）七年（六二四）の条には、王が唐へ使者を遣わしたのに対して、唐の高祖が沈叔安を派遣し、道士に命じて天尊像および道法をもたらし、『老子』を論講せしめ、王・国人が聴講したとある。この「天尊像」がどの「天尊像」であったか、その「道法」がいかなる内容のものであったか、この記事の限りではさだかでない。しかし、この伝承は『旧唐書』（列伝）や『文献通考』（高句麗伝）にも記録されている。ついで『三国史記』の栄留王八年の条には、唐へ使者を派遣して仏・老の教法を学び求めたという。この伝えは『冊府元亀』にもみえており、高句麗人が来唐して道・仏の法を学ぶとしるす。

道士と道観

七世紀前半の道教が、いかなるものであったかをより具体的に物語るのは、『三国遺事』の興法・宝蔵奉老の条である。

それには高句麗の国人が武徳・貞観年間（六一八―六四九）に五斗米教《ごとべい》（五斗米道とも。二世紀の後半に張陵が開教）を争って信奉したとのべ、栄留王七年に唐の高祖が道士（道教の教えを説く人）を派遣し、天尊像を贈って、道徳経を講ぜしめたと記載する。それによれば、この道教とは五斗米道であったということになる。天尊像とはおそらく元始天尊像であったと思われる。

『三国史記』高句麗本紀の宝蔵王二年（六四三）の条にもみのがせない記述がある。王の寵臣蓋蘇文が王に進言して、「天下の道術」をとりいれるようにとすすめ、王は深く同意して使者を唐へ派遣し、唐の太宗は道士叔達ら八人を遣わして『老子道徳経』を贈ったという。そこで彼らを仏教の僧寺にとどめたとある。これに関連する伝承が、やはり『三国遺事』の宝蔵奉老の条にも記載されている。それには栄留王の八年、仏教・道教を唐に学んだ記事につづいて、宝蔵王が蓋蘇文の進言にもとづいて、唐に道教を求めたことをのべ、また『三国史記』の列伝蓋蘇文の条にも、宝蔵王二年の条と同様の記事を載せている。

とくに『三国遺事』の宝蔵奉老にかんする記事は興味深い。太宗が叙（叔のあやまり）達ら道士八八人を派遣したことを記述して、王がこれを喜び仏寺を「道館」（道観）とし、道士を尊んで僧士の上に坐さしめたと明記する。そして道士らが、国内の有名山川を「行鎮」したという。

『三国史記』が「王喜、取僧寺館之」とし、また『三国遺事』が「王喜、以仏寺為道館」とするのは、道観建立以前には仏寺（僧寺）にとどまらせて、「道館」としたありようがわかる。後述するように、古代の日本にわずかながら「道士」の存在を示す史料がある。いまだ道観（道教の寺院）の実在がたしかでないわが国土の場合にも、寺院に道士が居住した可能性を推測させる。しかも道士らが「国内の有名山川を行鎮」したとするのは道教の儀式（斜儀）に従って行なったことを意味する。

宝蔵王二年条や宝蔵奉老条の道教にかんする記載のすべてを、はたして信頼しうるかどうか、中国側の関係伝承がないので確認することは困難だが、以上の所伝によって、少なくとも、七世紀前半までには高句麗に五斗米道が伝来していたことは史実とみなしてよいだろう。そして十二世紀初葉には道像・道経の伝来や道教の信仰のみならず実際に道観も建立された（『宋史』高麗伝）。

徳興里古墳壁画（部分）

徳興里壁画古墳

だが七世紀前半よりは二百年ばかり早く、高句麗に道教の信仰が伝わっていたことを有力に物語るたしかな資料がある。それは一九七六年の暮から発掘調査がなされ、一九八〇年の八月のはじめ、日本人研究者としてはじめて実地に観察することができた、朝鮮民主主義人民共和国南浦市江西区域の徳興里壁画古墳であった。そのおりの感動については「高句麗文化の内実」（『日本のなかの朝鮮文化』四八号、『古代の道教と朝鮮文化』所収、人文書院）でも言及したが、その墓誌（墨書）によってこの壁画古墳の築造年代が永楽十八年（四〇八）であることは疑えない。

被葬者鎮についての墨書に「釈迦文化弟子」とし、「周公相地、孔子択日」とあるのもみのがせないが（仏教の信仰と儒教思想の共存）、私がこの壁画古墳を実見して注目したのは、仏教の七宝行事のほか、前室西側の天井壁画に牽牛・織女と天の川の壁画があるばかりでなく、前室南側天井の上部に「玉女持幡」、「玉女持槃」の墨書のある二人の女人像、「仙人持幡」「仙人持圛」の墨書のある仙女二人の像が描かれていたことである。

この「玉女」は道教の神女であった。「仙人」とあるからただちに道教の仙人とはみなしがたい。中国では仏教の諸仏を「仙人」と称した例もある。一九七三年に調査された内モンゴル自治区和林格爾《ホリンゴール》県の後漢墓壁画では、象にまたがった人物を前室壁頂部に「仙人騎白象」と墨書している。この「仙人騎白象」は釈迦誕生説話にちなんでのものであろう。ただしこの「仙人」は、その後漢墓に「東王公」（東王父）、「西王母」像のほか、「老子像」が描かれており、道教の信仰にもとづく「仙人」が釈迦誕生説話と習合しての「仙人」であった。

「仙人」は高句麗官位制の十二番目の官位名にもみいだすことができるが（『周書』、『隋書』など）、五世紀はじめの高句麗壁画古墳に、このようにはっきりと「玉女」と「仙人」の姿と墨書が描きかつ記されているのは貴重である。

高句麗の壁画古墳には、たとえば舞踊塚・真坡里9号（旧1号）墳、同1号（旧4号）墳、集安4・5号墳、江西大墓などに神仙を描いた例があるといわれるかもしれない。しかしそれらの神仙の例は、研究者がそれぞれに飛天あるいは仙女と推定しているだけであって、このように「玉女」と「仙人」とを明瞭に墨書している例は、現在のところ徳興里壁画古墳のほかにはない。

吉林省集安市の高句麗壁画古墳（舞踊塚）の玄室奥壁には、道士と思われる人物が描かれているが、徳興里壁画古墳の場合のように明らかな例はない。その古墳の近くの山がいまも玉女峰とよばれているのも興味深い。なお長寿王二年（四一四）の建碑である高句麗好太王碑に「皇天」の語のみえることを付記する。

前述したとおり、少なくとも五世紀のはじめまでに高句麗へ道教の信仰が伝わっていたことは疑えないが、百済・新羅ではどうであったか。まず百済から若干検討することにしよう。

百済と新羅の道教

百済に道教が入っていたことは、『日本書紀』の推古天皇十年（六〇二）の十月の条に、百済から僧の観勒が「方術書」の書をもたらしたことをしるし、山背日立《やましろのひたて》が方術を学んだとする。「方術書」とは、医薬・卜筮・占星・呪禁など道教における「方術」の書であり、遅くとも六〇二年以前に、百済に道教の信仰や呪法が伝わっていたことはたしかといえよう。

しかしこの『日本書紀』の記事のみではなお不充分であった。ところが一九七一年の七月、韓国忠清南道公州の宋山里古墳群で、百済の武寧（斯麻）王・王妃の陵が発掘調査によって明らかとなり、その墓誌石（王妃の内容には買地券石の要素が強い）の記述にしたがって、武寧王の崩年が五二三年で陵の築造が五二五年、そして王妃の崩年が五二六年、王妃遺体の追葬が五二九年であることが判明した。

買地券の信仰は道教と深いつながりをもち、中国の買地券には「如律令」、「急々如律令」の文言がある。これは魏・晋代にはすでに存在したことがたしかな道教呪符の呪言であった（この場合の「律令」は「捷鬼」などを意味した)。

王妃の買地券の末尾には「不従律令」とある。この文言は、道教の呪言「如律令」を前提としての変形類語であろう。買地券の信仰を受容し、これを変容しての使用であることがわかる。武寧王陵出土の獣帯鏡・神獣鏡の銘文には「上有仙人不知老」とあり、その獣帯鏡が、高崎市観音山古墳出土の獣帯鏡、滋賀県三山上下古墳出土と伝えられる梅仙居蔵の獣帯鏡と同范の鏡であることも注目される。銘文じたいは独自のものではない。けれども、買地券石とともに神仙思想を明記する鏡が副葬されていたことを軽視できない。

こうした様相から、少なくとも六世紀の前半までに百済に道教の信仰が受容されたとみなすことは可能であろう。

『三国史記』百済本紀の近仇首王即位年の条には、近仇首王が太子であったおりの説話が載っている。太子が高句麗軍を追撃しようとした際、部下の莫古解将軍が「道家の言」を引用して「足るを知れば辱《はずかし》められず、止まるを知れば殆《あや》ふからず」と諫言したと伝える。この「道家の言」とは『道徳経』にみえるものであって、『三国史記』編者の潤色とも考えられるが、百済でもかなり早くから道教の信仰が伝わっていたことを示唆するエピソードといえよう。

『三国史記』百済本紀の武王三十五年(六四三)の条には、宮城の南に池をつくり、水中に島嶼を築いて「方丈仙山に擬す」としるされている。この「方丈仙山」とは、道教にいうところの三神山のひとつであって、日本の庭園文化のなりたちを考えるさいにも示唆にとむ。

新羅の場合はどうであったか。新羅にも道教の信仰が入っていたことは、たとえば『三国遺事』に真興王が「多く神仙を尚ぶ」とのべられたり、『三国史記』（巻四十一）や『三国遺事』（巻二）に、金庾信が斎戒沐浴し焼香して告天し、壇を設けて神術を磨いたなどと伝承するのも、新羅に受容された「道術」をうけての新羅的「方術」などにかかわる伝えといえよう。『東国輿地勝覧』（巻二十一）が慶州の聖母祠について、始祖赫居世の母が仙桃聖母であり、仙桃山に聖母祠が建立されるいわれの伝説を載せているのも参考になる。新羅の弥勒信仰にも神仙の信仰は重層しており、後の世にあっても「昔、新羅仙風大行」（『高麗史』）と称されたのである。

2 道教の流伝

鬼道と道呪

朝鮮半島に中国から道教が伝来していたことは以上の論述によっても明確にうかがわれよう。朝鮮の道教はたんなる信仰のみにとどまらなかった。五斗米道などの教団道教のほか道士なども内在した。そしてさらに道観（たとえば福源観）も造営された。

朝鮮半島にあっても、シンクレティズムが進行したことは、『三国史記』高句麗本紀の故国壌王九年（三九二）三月の条に、「仏法を崇信して福を求」めたことにあわせて、「有司に命じて国社を立て宗廟を修む」とする記事や高句麗の徳興里壁画古墳に仏教・儒教・道教の習合がみいだされること、また『三国遺事』が新羅の真興王の信仰にふれて、「崇仏」と「尚神仙」の王者であったとのべる例などにもみいだされる（朝鮮三国における仏教受容については、「仏教の伝来とその受容」『古代伝承史の研究』所収、塙書房でも論究した）。

受容された道教が朝鮮半島において変容し、独自の発展をとげたこともみのがせない。それは先に言及した武寧王妃の買地券石に、道教呪言の変形類語を刻する例をかえりみても推察できる。

日本列島における道教の流伝は、朝鮮半島からのみではない。もとより中国からの道教の伝播もあった。しかし従来はあまりにも朝鮮道教とのかかわりが無視ないし軽視されてきた。そこでこの章では、主として朝鮮道教と古代の倭国・日本との史脈を中心に、その流伝と変容のプロセスを論究することにしよう。

『日本書紀』の推古天皇十年（六〇二）十月の条にしるす、百済僧観勒《かんろく》の「方術書」持参と「方術」の伝授以前に、道教にかんする信仰がまったく伝わっていなかったとはいえない。古墳から出土する神獣鏡の「神」はまぎれもなく神仙であった。しかしそれら神獣鏡の神仙像をその被葬者や関係者がどこまで理解していたかはさだかではない。また鏡銘には「東王父」や「西王母」が記される例もあるが、それがただちに道教信仰の実在を証明するとはいいがたい。

私がかねがね注目してきたひとつが、大阪茨木市の紫金山古墳から出土した勾玉文鏡《まがたまもんきょう》であった。これは仿製鏡であって、その坐神像には頭に「玉勝」をつけた女神像があり、これは西王母を象《かたど》ったものである。倭国でつくられた大型の仿製鏡にも、神仙思想がしだいに定着化してゆくプロセスが反映されている。

かつて『三国志』の『魏書（魏志）』東夷伝倭人の条にみえる女王卑弥呼の「鬼道」について、この「鬼道」は編者の陳寿が、卑弥呼の宗教を道教に類似するものとみなして記述したものであると指摘した。さほどの論証もなしに、短絡的に卑弥呼の「鬼道」を道教とみなす説がその後横行しているようだが、私見は『三国志』における「鬼道」の用例とその書法を（たとえば『魏志』の張魯伝、『蜀志』の劉焉伝などと）対比・検証しての問題提起であった。

呪禁師の内実

『日本書紀』の敏達天皇六年（五七七）十一月の条には百済から「呪禁師《じゆごんし》」が渡来したことを記載する。しかし呪禁師には道呪のほか仏呪もあって、この「呪禁師」が道教の呪禁師であったかどうかは速断できない。

だが古代の日本の宮廷には道呪が存在したことは、『日本書紀』の天武天皇十四年（六八五）十一月の条にしるす「招魂」のおりに法蔵法師と金鍾《こんしよう》が「白朮《おけら》」の煎薬（仙薬）を献じたとあるほか、『日本書紀』持統天皇五年（六九一）の十二月の条にみえる呪禁博士木素《もくそ》丁武《ちようむ》に銀を賜与した記事によってもうかがえる。

古代日本の典薬寮には呪禁博士、呪禁師、呪禁生が配属されていたが（「職員令」）、その「呪禁」が道呪の系統であったことは、「医疾令」からも推察できよう。それればかりではない。

『家伝（下）』（藤原武智麻呂伝）には「呪禁」の人として余仁軍《よのじんぐん》と韓国連《からくにのむらじ》広足《ひろたり》らをあげているが、この韓国連広足は、役小角（役行者）の弟子であって、天平三年（七三一）正月は正六位上より外従五位となり、翌年十月には典薬頭となった人物であって、道呪系の呪禁の人であったことがわかる。その故に「大宝令」の注釈書ともいうべき『古記』（『令集解』所引）には、「道術符禁、道士法を謂ふなり、今辛国連《からくにのむらじ》是を行なふ」と書きとどめたのである。この辛国連はいうまでもなく韓国連であり、古代日本における「道士法」のきわめてまれな史料である（役小角の宗教に、山岳信仰や密教ばかりでなく道教の信仰が重層していたことは、「役行者の原像」〈『吉野地域における文化的価値の再検討と振興のための調査報告書』一九八四年三月〉で詳論した〈『古代の道教と朝鮮文化』所収、人文書院〉）。

飛鳥の朝廷に道教の信仰やそれにちなむ行事が導入されていたことは、前述の観勒による「方術書」や方術の伝授の例のみにはとどまらない。本来、鹿の若角を鹿耳とするための薬猟であった「薬猟」は、『日本書紀』によれば推古天皇十九年（六一一）の五月五日を初見として同二十年、二十二年というように恒例化していたし、また同四年（五九六）の廐戸《うまやど》皇子らが伊予湯岡へ遊湯したおりの伊予湯岡の碑文の文言にも神仙思想は投影されており、いうところの「何ぞ寿国に異ならむ」の「寿国」には、神仙の「寿国」としての意味合いが強い。

道教の信仰

第Ⅰ部第二章のなかでも記述したように『日本書紀』の皇極天皇三年（六四四）七月の条に

は、不尽河（富士川）のほとりの大生部多《おおふべのおお》が、「常世神」を祭る者は「富と寿を致す」と説き、巫覡《ふげき》らが神語する説話が載っている。この説話の信憑性については別に詳論したが（「道教と古代の日本」『東アジアと海上の道』所収、明石書店）、実年代はともかく、この説話を架空のできごとであったとはみなしがたい。駿河のあたりにも巫覡集団の信仰と重なりあっての道教信仰が存在したことは疑えない。

『記』『紀』の神話に登場する天照大神が、天石屋戸（天石窟戸）の詞章にみいだされるように織女神であった。天照大神の信仰に西王母の信仰が重層していたことは『日本の神話を考える』（小学館）でも指摘したが、『万葉集』に詠まれている七夕の歌（巻八、巻十、巻十七など）ばかりでなく、『記』『紀』神話完成期の天武・持統朝の宮廷に、七夕の宴が実際にあったと思われること（『日本書紀』持統天皇五年・同六年の七月七日の宴など）とあわせて軽視できない。

『日本書紀』の推古天皇三十四年（六二六）五月の条には、蘇我馬子が飛鳥川のほとりの居宅に池をつくり、嶋を築いたことを記す。馬子が「嶋大臣」とよばれる所以だが、この池中の嶋のありようには、前述した『三国史記』百済本紀にしるす武王が宮城の南に池をつくり、島嶼を築いて「方丈仙山に擬」したのとつながる神仙信仰がうかがわれる。

天武天皇の和風の諡が「天渟中原瀛真人天皇《あめのぬなかはらおきのえひと》」であって、その「瀛」が道教の三神山のひとつの瀛洲山《えいしゅうざん》の「瀛」にちなみ、「真人」が道教の奥義をきわめた神仙に由来することは「和風諡号と神代史」（『国史論集』所収、読史会、一九七二年十二月）でも言及したが、天武朝のいわゆる「八色《やくさ》の姓《かばね》」のなかの真人や道師もまた道教の真人や道師にもとづくといってよい。

天皇号そのものが道教の「天皇大帝」などに由来することは、津田左右吉博士が指摘したとおりだが（「天皇考」『日本上代史の研究』所収、『全集』第三巻、岩波書店）、天皇神観に道教の神仙の「神」が重層していた点を、別の視角から論述しておいた（『大王の世紀』小学館）。

これまでのいくつもの例証から、いわゆる飛鳥・白鳳の時代に、道教の信仰が流伝していたことはだれもが否定できないであろう。そしてこれを傍証する木簡もあいついで出土している。藤原宮跡出土木簡に「本草集注上巻」とある。これは梁の陶弘景（茅山道教）の『本草集注』と関係があると考えられる。『本草集注』は十巻本が有名だが、ここに上巻とあるのは、その抄本かあるいは三巻本であったかもしれない。

さらに静岡県の浜松から可美にかけての伊場遺跡から出土した木簡には、呪符木簡「急々如律令」と書いたものがあり、また宮城県の多賀城跡から「急々如律令」の呪符木簡（二枚）が出土している。こうした木簡によっても、道教信仰のひろがりをうかがうことができる。また平城宮跡、山形県堂の前遺跡、大阪府国府遺跡などからも道教関係の遺物がみつかっており、そうした例も今後ますます増加するにちがいない。

ところで古代の日本には現在のところ道観が存在した形跡はない。また日本の古代法には唐の道僧格と異なって、道観・道士・冠女などにかんする規定もない。もっとも王者（大王ないし天皇）の王位（皇位）継承のレガリア（もと二種）であった鏡と剣は、福永光司氏が指摘しておられるように（「道教における鏡と剣」『道教思想史研究』所収、岩波書店）、鏡の呪術的な威力は神仙術の修行と結合し、剣も神仙術と深いかかわりをもった。つまり古代日本の王者のレガリアも、道教の信仰とつながりをもったことをみのがせない。ついでながらに付言すれば、『日本書紀』の巻第一が、注記して「至りて貴きをば尊と曰ひ、自余をば命と曰ふ」との「尊」と「命」の区別は、道教における「天尊」と「佐命」のありように類似するし、「出雲国造神賀詞」に「高天の神王」と表現するそれも道教の信仰との対比が必要となる。

にもかかわらず、なぜ古代の日本に道観が具体化をみるにいたらなかったのか。そこには、朝鮮半島などとは異なった受容のあり方と、いわゆる教団道教が導入されなかったことや古代日本の神祇信仰と重層する独自の変容のプロセスがあったと思われる。

道観の有無

だが道観の痕跡がまったく皆無であったかどうか。今後なお慎重に吟味すべき余地がある。あえて私がそのように考えているひとつの理由には、斉明天皇の特異な謎の思想と行動が存在するからである。斉明天皇は多言するまでもなく、皇極天皇であって、重祚して斉明天皇となる女帝であった。

『日本書紀』は皇極（斉明天皇として重祚）天皇を批評して、「天皇、古道を順考して、政《まつりごと》をしたまふ」とのべている。この文は、『魏志』の高貴卿公髦伝の「尭、古道を順考して、之を行なふ」の文を借用しての批評だが、この「古道」はたんなる「古の道」ではなく、道教の「古道」と関連する要素が濃厚と思われる。

斉明女帝に司祭王としての伝統がうけつがれていたことは、たとえば『日本書紀』の皇極天皇元年（六四二）八月一日の条に記す、女帝みずからが飛鳥川の上流（南淵の河上）におもむいて、祈雨して「大雨」を降らせたというエピソードにも明らかである。

たんにそうした側面ばかりでなく、古代の支配者層が、神仙境とみなした吉野に、吉野宮を造営し（斉明天皇二年是歳の条）、女帝みずからも行幸した（たとえば斉明天皇五年三月の条）。

『日本書紀』の斉明天皇の世にかんする記事には、謎めいた叙述がかなりあるが、なかでも(1)「田身嶺（多武峰）に、冠らしむるに周れる垣を以てす（中略）、復《また》、嶺の上の両槻の樹の辺に、観を起つ、号《なづ》けて両槻宮《ふたつきのみや》とす、亦は天宮と曰ふ」とあって、さらに(2)「時に興事を好む、廼《すなわ》ち水工をして渠《みぞ》穿《ほ》らしむ、香山の西より石上山に至る、船二百隻以て、石上山の石を載せて、流のままに控引し、宮の東の山に石を累《かさ》ねて垣とす」の記載は注意をひく。(2)についての時人の謗言を引いて「狂心の渠」とし、また「石の山丘を作る、作るままに、自《おの》づからに破れなむ」という時人のそしりごとを併記する。その注記には「若しは未だ成らざる時に抛りて、此の謗を作《な》せるか」とある。

後の(2)の記事については、斉明天皇四年（六五八）十一月の有間皇子謀殺事件の前提として『日本書紀』がのべる、蘇我赤兄の「（斉明）天皇の治《し》らす政事、三つ矢」の第二「長く渠水を穿りて、公粮を損《おと》し費すこと」、その第三に「舟に石を載《つ》みて運び積みて丘にすること」のはかりごとと関連する。

近時の調査で、奈良県明日香村の酒船石遺跡北側の丘陵斜面で石垣遺構がみつかったが、この遺構は、『日本書紀』の石上山（天理市石上の山）の石を舟で運んだ「宮」（後飛鳥岡本宮）の

「東の山に石を累みて垣」とした「石の山丘」に相当する。この一見奇異にみえる女帝の行動は、当時の唐・新羅が百済を討つという情報のもとでの（この時期の東アジアの情勢については、『藤原不比等』朝日新聞社、で考察した）、宮都防衛のためであった可能性が強い。

ところで⑴の記事はどうか。この多武峰の上の両槻宮の「観」については、かつて黒板勝美博士が「道観」とする説（「我が上代に於ける道家思想及び道教について」『史林』八巻一号）を発表された。その「観」を古訓は「タカドノ」とよんでいるが、私が改めて注目するのは、これをわざわざ「天宮と曰ふ」と明記していることである。

「観」の義には楼観・楼台・宮観・層観などがあって、これをただちに道観とするわけにはいかないが、持統天皇がその七年の九月多武峰におもむき（『日本書紀』）、さらに文武天皇は大宝二年（七〇二）の三月に、大和国をしてこの「天宮（両槻宮）」を「繕治」せしめている（『続日本紀』）。「天宮」の存在はたしかであったとみなければならない。実地に二度にわたってその跡を多武峰で踏査して執筆したのが「天宮の夢」と題したエッセイであった（『本』三巻三号、一九七八年三月、『古代からの視点』所収、ＰＨＰ研究所、一九七八年）。今後の調査によってその所在が明確となる可能性はある。

いまのところ「道観」の確証はないが、古代の日本に道教が流伝していたことは史実であった。そしてその受容と変容にも、渡来文化のありようが察知されるのである。

3　役小角の宗教

修験道の祖

ここで改めて注目すべき人物がいる。それは日本における修験道の祖とあおがれるようになった役小角《えんのおづぬ》（役行者）である。

役小角の関係伝承は『続日本紀《しょくにほんぎ》』『日本霊異記《にほんりょういき》』をはじめとして、『類聚国史《るいじゅうこくし》』『扶桑略記《ふそうりゃくき》』『水鏡《みずかがみ》』『一代要記』『帝王編年記』『袖中抄《しゅうちゅうしょう》』『三宝絵詞《さんぼうえことば》』『今昔《こんじゃく》物語集』『元亨釈書《げんこうしゃくしょ》』などにも記載されている。葛木《かつらぎ》（城）山に修行して「呪術を以て称せられ」たという（『続日本紀』）役小角が、奈良時代の後葉から平安時代のはじめにかけては、すでに吉野の金峰山ともかかわりをもつ人物としてしだいに認識されつつあったことは、『日本霊異記』（上巻・第二八話）に、役小角が「諸鬼神を唱《いざな》ひ催して曰《い》はく「大倭国《やまとのくに》の金《かね》の峯と葛木の峯とに椅《はし》を度《わた》して通はせ」といふ」とあるのにもうかがうことができる。ここに「大倭国の金の峯」と記述するのは、いうまでもなく大和国吉野郡の金峰山である。役小角は葛城山のすぐれた呪術者・行者としてばかりでなく、吉野の金峰山と葛城山に椅（橋）を渡すことを「諸鬼神」に命じた人物としても登場する。

吉野がたんなる聖域ではなく神仙境としても古代宮廷の貴族・官僚らの間で強く意識されていたことは、『古事記』の雄略《ゆうりやく》天皇をめぐる歌物語に、大長谷若建命《おおはつせわかたけるのみこと》すなわち雄略天皇が、吉野の宮へおもむいたおりの詠とされる歌として〝呉床居《あぐらい》の神の御手もち弾く琴に舞する女常世《おみなとこよ》にもがも〟とあるのにもみいだされよう。通説では大王あるいは天皇が神と歌われているのは、天武・持統天皇にはじまるとみなされているが、必ずしもそうではない。大王を神と詠んでいる文献上の初見は雄略天皇であった。この詠では雄略天皇が〝呉床居の神〟と歌われているのであり、『古事記』の説話では吉野の宮で結ばれた童女と吉野でふたたび出会い「御呉床《みあぐら》」に坐して琴を弾き、その嬢子に舞わしめたおりの歌とするのである。

もともとこの詠は独立の歌謡で、『古事記』の編者が雄略天皇の説話に挿入したものではないかとする解釈もあるが、吉野の「御呉床」で琴を弾き嬢子に舞わしめたとする説話とこの歌とは無関係ではない。〝呉床居の神〟つまり雄略天皇の〝弾く琴〟と〝舞する女〟を詠みこんでのこの歌は、説話と不可分の間柄にある。やはり雄略天皇にまつわる歌物語と理解すべきであろう。

その歌が吉野の詠として説話上の雄略天皇と重なり、そして〝常世にもがも〟と歌われていることは改めて注目すべき点である。そこには神仙的な信仰としての〝呉床居の神〟が浮かび、大王の神観念に神仙の神観念が重層する。雄略天皇のこの歌物語の舞台が吉野であって、その吉野が『懐風藻《かいふうそう》』に収める漢詩でも神仙境とみなされていたことは史実であった。

『万葉集』(三―九三二)に〝み吉野の　御金の岳《たけ》〟と歌われ、『延喜式《えんぎしき》』(大和国吉野郡)に金峯神社の鎮座を明記する金峰山の霊域は、奈良時代の後葉にあって、「行道」の霊場となりつつあった。それは『日本霊異記』(下巻・第一話)が「諾楽宮《ならのみやに》御宇《おさめたまいし》太八州国之帝姫《おおやしまのくにのていき》阿倍《あべの》天皇《すめらみことの》御代《みよ》」(称徳《しょうとく》天皇の代)のできごととして永興《えいごう》禅師と弟子の禅師をめぐる説話をあげ、ついで「吉野の金《かね》の峯《みたけ》に、一《ひとり》の禅師あり、峯に往きて行道」した説話を収録するのにも推察される。昭和二十九年(一九五四)の秋、天川《てんかわ》の大峯山寺本堂の解体修理にともなう第一次発掘調査によって、奈良時代にさかのぼる遺物は量的に少ないが、それでもなお和同開珎《わどうかいちん》、金銅仏片、奈良三彩《さんさい》片、須恵器《すえき》などが出土し、ついで平安時代前半の護摩壇《ごまだん》遺構とそれに付随する出土品があった。すでに大峰山頂に堂宇のあったことは、唐滅亡後の五代《ごだい》のひとつである後周の時期の『義楚六帖《ぎそろくじょう》』にもみえており、金剛蔵王菩薩《こんごうぞうおうぼさつ》があり、大小の寺のあったことが指摘されている。『日本霊異記』で役小角が葛城山のみならず、金峰山とかかわりがあるという認識がうかがわれるのも、こうした状況とつながりがあろう。

そして役小角は大峰山ともしだいに関係づけられるようになり、平安時代前期に大峰山にゆかりの深い山伏によって奉持された金剛蔵王権現《ごんげん》と役小角伝承とが、平安時代後期には結合して、金剛蔵王権現は役小角が金峰山で感得した仏とする所伝へと展開する。ただし平安時代中期のころの成立と考えられている『金峰山本縁起』の役小角伝では、『日本霊異記』と同様の説話を記載するのみで、『金峰山本縁起』とするにもかかわらず、葛城山と金峰山とを結ぶ橋を諸国の神々に作らせたとのべるにとどまる。

『新猿楽記《しんさるがくき》』が「已行《いぎょう》智行具足之生仏」として「右衛門尉次郎君」をあげ、「役行者・浄蔵貴所と雖《いえど》も、只一陀羅尼《だらに》之験者なり」と記載しているのも参照すべきことがらである。だが『今昔物語集』（巻十一篇・三話）になると、「金剛山ノ蔵王菩薩ハ此ノ優婆塞《うばそく》（役小角）ノ行《おこない》出シ給ヘル也」と伝えられるようになり、さらに鎌倉時代中期の『私聚百因縁集《しじゆひやくいんねんしゆう》』（巻八・一）には「山臥《やまぶし》ノ行道、源ヲ尋レバ皆役行者ノ始テ振舞シヨリ起レリ」と説かれてくるようになる。そして『下学集《かがくしゆう》』（上・人倫）には「山臥、臥或は伏に作る也、役行者の流」、『節用集《せつようしゆう》』（也・人倫）にも「山（伏臥）役行者之流也」と書かれている。

いまは役小角の伝承と吉野、金峰山などとの脈絡の一斑をかえりみたにすぎない。だがこれらの伝承の前提となったのは、『続日本紀』および『日本霊異記』の役小角の関係所伝であった。そこでつぎに役小角にかんする伝承の基本的な史料ともいうべき『続日本紀』および『日本霊異記』に即して、あらたな視覚から役小角とその周辺を再吟味し、あわせてその原像を論究することとしたい。その作業は役小角の信仰とその行動をより明確にするのに役立つはずである。

『続日本紀』の所伝

役小角論については、すでに先学の注目すべき考察がある。それらの研究成果に示唆されるところが多いけれども、なお論究すべき余地がないわけではない。

まず『続日本紀』の役小角にかんする所伝をしるすことからはじめよう。『続日本紀』の文武天皇三年（六九九）五月丁丑《ひのとうし》の条には、つぎのような記載がある。

役君《えのきみ》小角を伊豆嶋《いずのしま》に流す、始め小角葛木山に住して、呪術を称せられる、外従五位下韓《から》国連《くにのむらじ》広足《ひろたり》、師とす、後その能を害して、讒《ざん》するに妖惑《ようわく》を以てす、故に遠処に配す、世相伝へて云はく、小角能《よ》く鬼神を役使して水を汲《く》み薪《たきぎ》を採らしむ、もし命を用ひざれば、即ち呪《じゅ》を以て之を縛《ばく》すと。

右の史料のなかで「即ち呪を以て之を縛す」と記述するところを、『類聚国史』（第八七）は「呪術を以て」と「術」の字を挿入しているが、その文意に大差はない。また「故に遠処に配す」とあるのを『類聚国史』は「違処」とのべる。この場合の「違処」は誤記で、「遠処」が正しい。『続日本紀』に「讒（『日本紀略』は「説」と書く）するに妖惑を以てす、故に遠処に配す」と記載する「妖惑」の実相は、この限りではさだかでないが、おそらく、「大宝令《たいほうりよう》」「養老令《ようろうりよう》」の「僧尼令」（第一条）に「凡《およ》そ僧尼、上つかた玄象を観《み》、仮《いつわ》つて災祥を説き、語《こと》国家に及び百姓を妖惑し」とある「妖惑」と関連があろう。

文武天皇三年五月といえば、「大宝令」の施行以前であり、「飛鳥浄御原令《あすかきよみはらりよう》」にはたして「妖惑」の罪の規定が存在したかどうかその明証はないが、天武・持統朝における仏教と国家の癒着、統制化のありようからすれば、「妖惑」ないしはこれに類する規定のあった可能性をいちがいに否定できない。『続日本紀』の「讒するに妖惑を以てす、故に遠処に配す」の記事までも、のちの「大宝令」「養老令」の知識にもとづく『続日本紀』編者らの潤色とはみなしがたいであろう。

近流《きんる》・中流《ちゆうる》・遠流《おんる》のいわゆる「三流」の語の初見は、『日本書紀』の天武天皇五年（六七六）八月の詔《みことのり》にみえ、じっさいに土佐《とさ》・伊豆島《いずのしま》などへの流罪が実施されていた（たとえば天武天皇五年九月、同六年四月の条など）。そして「伊豆・安房《あわ》・常陸《ひたち》・佐渡《さど》・隠岐《おき》・土佐」は遠流の地域であった（『続日本紀』神亀《じんき》元年〈七二四〉三月の条、のちの「刑部式《ぎょうぶしき》」も中流のなかの諏訪《すわ》を信濃《しなの》に改めたほかはこれを踏襲する）。したがって『続日本紀』が伊豆島（『扶桑略記』『水鏡』は伊豆大島とする）への遠流を「故に遠処に配す」と表現しているのは、正当といわねばならぬ。「賊盗律」では「凡そ妖書及び妖言を造《つく》れらば遠流、伝用して以て衆を惑せらば之《かく》の如し」と定めている。

　ただし『続日本紀』の役小角にかんする所伝の後半は、そのままに史実とみなしうるかどうかはなお断定しがたい。なぜなら「小角能《よ》く鬼神を役使して水を汲み薪を採らしむ、もし命を用ひざれば、即ち呪を以て之を縛すと」としるすのは、「世相伝へて云はく」の部分であるからだ。役小角をめぐる「世の相伝」の箇所であり、のちに伝説化した要素を含む。だが『続日本紀』の「役行者の説話がシナ《(マヽ)》の方術の思想を取り入れてゐた伝家の手になつたものである」（津田左右吉説）とするのは尚早であろう。このことはのちにのべる役小角の実在の弟子韓国連広足のありようからも検討すべき課題を内包するからである。

　ところで『続日本紀』の伝承では、役小角の出自が不明であり、その呪術の内容も明確ではない。そして「役使」した「鬼神」の実体についても言及してはいない。

『日本霊異記』の伝承

これを補充する史料が『日本霊異記』（上巻・第二八話）の「孔雀王《くじやくおう》の呪法《じゆほう》を修持《しゆじ》し、異《あや》しき験力を得て、現《うつつ》に仙と作《な》りて天に飛ぶ縁」と題する説話である。説話はかなりの長文であるから、ここではその要点を摘記する。

(1)「役の優婆塞《うばそく》は賀《か》茂役公《ものえのきみ》、今の高賀《たかか》茂朝臣《ものあそん》といふ者なり、大和国葛木《かつらぎ》の上郡《かみ》茅原《ちはら》村の人なり、生れながら知博学の一なり、三宝を仰ぎ信《う》けて業《ぎよう》となす」と、まずその出自に言及する。

そして(2)いつも小角が心に願っているのは「五色の雲に挂《かか》りて沖虚《ちゆうきよ》の外に飛び、仙宮の賓《まろうど》と携はり、億載《おくさい》の庭に遊び、蘂蓋《ずいがい》の苑《その》に臥《ふ》伏し、養性の気を吸ひ噉《くら》ふこと」であったと形容する。ここに「仙宮の賓」「億載の庭」「蘂蓋の苑」などと表現するのは、「現に仙と作りて天に飛ぶ縁」とのかかわりのある神仙・神仙界への憧憬を強調しての文飾といえよう。

(3)は重要な部分で、「所以《このゆえ》に晩年卌（四）十余歳を以て、更に巌窟《いわや》に居り、葛を被《き》、松を餌《の》み、清水の泉を沐《あ》み、欲界の垢を濯《そそ》ぎ、孔雀の呪法を修得し、奇異の験術を証し得たり、鬼神を駈使し得ること自在なり、諸鬼神を唱《いざな》ひ催して曰はく「大倭国《やまとのくに》の金《かね》の峯と葛木の峯とに椅《はし》を度《わた》して通はせ」と、是《ここ》に神等皆愁へて、藤原宮に御　宇《あめのしたおさめたまいし》　天皇之母、葛木の峯の一語主《ひとことぬし》大神、託《くる》ひ讒して「役の優婆塞、謀《はか》りて天皇を傾けむすと」と、天皇勅《ちよく》して使を遣はして捉《とら》ふるに、猶《なお》験力に因りて輙《たやす》く捕らへられざるが故に、その母を捉ふ、優婆塞母を免れしめむが故に、出で来て捕らへられぬ、即ち伊《い》図嶋《ずのしま》に流しき」と伝える。この文は興福寺本の『日本霊異記』にもとづいての記述だが、その用字には群書類従本（類本）・国立国会図書館本（国本）との間に若干の差異がある。「晩年以卌十余歳」とある箇所は、類本・国本には「年以卌（三十）有余歳」とする。これは類本・国本のほうにしたがうべきであろう。『抱朴子《ほうぼくし》』（黄白篇）に、「神仙道では三十代の身体のままで長生を得る」とみなされていることのほか、『三宝絵詞』に「卅余年」とし、『元亨釈書』の役小角伝に「年三十二、家を棄て葛木山に入る、巌窟に居ること三十余歳」とあることもみのがせない。「藤原宮御宇天皇之母」は、類本・国本のごとく「藤原宮御宇天皇之世」とすべきで、具体的には文武天皇の世（代）と理解できる。

この説話では三十余歳で巌窟に居り、葛を衣とし、松を餌《の》み、清泉で沐浴《もくよく》した山臥的修行を描き、孔雀の呪法を修習したとする。その修行の地がいずれであったかを明記してはいないが、その出身地を葛城の茅原とし、また「諸鬼神」のなかに葛城の一語（言）主大神が登場することや「葛木の峯」が「金の峯」とならんで物語られているところによれば、『続日本紀』が「葛木山に住し、呪術を以て称せらる」とあるのに対応する。役小角の呪法を題詞に「孔雀王の呪法」とし、その説話に「孔雀の呪法」とするのは、『続日本紀』にまったくみえない伝承である。

孔雀（王）の呪法とは、真言密教系の祈禱《きとう》法のひとつで、孔雀明王を本尊とし、その真言を唱える秘密の法とみなされている。『続日本紀』宝亀《ほうき》三年（七七二）四月条に記載する道鏡薨《どうきょうこう》伝《でん》で、「ほぼ梵文《ぼんもん》に渉《わた》りて禅行《ぜんぎょう》を以て聞ゆ」と評された道鏡は、宮廷の内《うちの》道場に入り、看病禅師となったが、孔雀王呪法をも学んだという。奈良時代の後半のころには梁《りょう》の伽婆羅《かばら》訳の『孔《く》雀王呪経《じゃくおうじゅきょう》』なども知られていたのであろう。

だからというので、役小角の呪法が、説かれるように孔雀王の呪法であったかどうかは速断できない。この点は「説話の呪法を孔雀明王のそれとしたのは、此の説法の作者の新しい構想」であり、「孔雀王経の思想によつて此の説話が作られたのではなくして、前からあつた説話の呪法に孔雀明王の名が附けられた」とみる津田左右吉説が妥当であろう。

「諸鬼神」を「駈使」し、「大倭国の金の峯と葛木の峯とに椅を度して通はせ」と命じるくだりで、葛木の峯の一語（言）主大神が登場すること、および前述したように金峰山と葛城山を関連づけていることも『続日本紀』の所伝にはみえない部分である。そこに「大倭国の金の峯」とする「大倭国」の表記は「大和国」とする表記よりも古い。天平九年（七三七）までは大倭国が正式のヤマト（大和）国の国名であって、同年十二月二十七日に大倭国は大養徳《やまと》国となる。そして天平十九年の三月十六日にはふたたび大倭国となった。大和国が一般化するのは、「養老令」の施行（天平勝宝九年五月）以後であった。『日本霊異記』の役小角の伝承では、「大和国葛木上郡」「大倭国金峯」と用字が不統一だが、原史料があったとすればそれにはやはり「大倭国」と書かれていたはずである。

葛城一言主神をめぐる伝承についての私見は後述のとおりだが、葛城の一言主神、葛城の高《たか》鴨神《かものかみ》には反体制要素が重層する。「大宝令」の注釈書ともいうべき『古記』（『令集解』所引）に、「天神《あまつかみ》」の代表例として伊勢・山城の鴨などをあげ、「地祇《くにつかみ》」の代表的な神として大神《おおみわ》（大三輪）・葛木の鴨などを列挙するのもそれなりのいわれがある。

ところで『続日本紀』で役小角を「妖惑」のゆえをもって讒言《ざんげん》したのは韓国連広足であったとするのを、『日本霊異記』では葛城の一語（言）主大神が「役の優婆塞、謀《はか》りて天皇を傾けむとす」と讒言したという。韓国連広足に代わって、一語主神が讒言者となり、その罪も「妖惑」ではなく、「天皇を傾けむとす」る律八虐の謀反あるいは謀反のたぐいとして告発したと物語る。一語主大神が人に代わって讒し、さらに「天皇を傾けむ」というのも、説話の展開内容として注意する必要があろう。天皇の勅命によっても逮捕できず、母が捕らえられたために母を免れしめんとして、役小角がみずから出頭して捕縛されたというのも、『日本霊異記』の説くところである。

『日本霊異記』には『続日本紀』にはまったく語られていない後日譚を記録して、「昼は皇命に随ひて嶋に居て行ひ、夜は駿河の富祇《ふじ》（富士）の嶺《みね》に往きて修す」と説話をつづける。そして「憂へ吟《によ》ぶ間三年」にして大宝元年（七〇一）正月、「天朝の辺に近づき、遂に仙と作《な》りて天に飛びき」とする。そして入唐した「道照法師」（類本・国本では「道昭法師」）が「五百の虎」（『扶桑略記』では「五百賢聖」、『今昔物語集』では「五百ノ道士」）の「請《こい》を受けて新羅に至り、その山中に有りて法花経を講じ」たおり、「倭語を以て問をあげ」た人物があったという。それが「役の優婆塞」であり、また「彼の一語主大神は役行者に呪縛せられて、今の世に至り解脱《げだつ》せず」と説く。

この伝承は役小角の説話の題詞にいう「現に仙と作《な》りて天に飛ぶ縁」にふさわしい内容を形づくり、「仏法の験術広大なることを知り、帰依《きえ》する人は必ず証得せむ」という『日本霊異記』の仏法説話として位置づけられる。その後日譚でもこれまですべて「役の優婆塞」と小角を表現していたところを、その終節ではじめて「役行者」と書き、しかも「一語主大神は役行者に呪縛せられて、今の世に至りて解脱せず」と、仏法が神祇に優位することを強調している点も留意すべきである。奈良時代における宗教政策においては、国家仏教が主役であり、神祇は脇役であったことをほかでも論証したが、そうした時代の風潮とも対応する。

その後日譚にも潤色のあることは、たとえば道昭（照）と役小角との対話にもはっきりしている。道昭は白雉《はくち》四年（六五三）五月に入唐学問僧として発遣され、帰国後、文武天皇四年（七〇〇）三月に七十二歳をもってこの世を去った。『日本霊異記』で役小角が「仙となつて天に飛び」、道昭と新羅で対面したのは大宝元年（七〇一）正月以後とするが、それでは道昭は卒後にも生きて新羅に至ったことになる。説話の潤色はこのあたりにも明瞭である。『日本霊異記』の「役行者説話」が「神仙説の知識を仏家の呪術に結合した」説話であるとみなす先学の説（津田左右吉「役行者伝説考」『全集』第九巻付篇所収、岩波書店）は軽視できぬ意味をもつ。しかしいわれるところの仏家の呪術が、はたして役小角の原伝承そのままであったかどうかは、別の視点からさらに掘りさげてみなければならない。

役小角とその周辺

『続日本紀』が「役君小角」とするのを『日本霊異記』は仏教風に「役の優婆塞」としているのはともかく、『続日本紀』が明記しないその出自を「賀茂役公、今の高賀茂朝臣といふ者なり、大和国葛木の上郡茅原村の人なり」と書きとどめているのは、役小角の実像に迫るのに、不可欠の手がかりとなる。「役君小角」（『続日本紀』）、「賀茂役公」（『日本霊異記』）の「役君

（公）」とは、やはり役（エダチ）の首長の意とすべきであろう。じっさいに賀茂役氏ともよぶべき氏族が存在したことは、『続日本紀』の養老三年（七一九）七月の条に「従六位上賀茂役《かものえんの》首石穂《おびといわほ》、正六位下千羽三千石《ちわのみちいわ》等一百六十人に賀茂役君の姓を賜ふ」とあり、また鴨脚《いちょう》家所蔵の『新撰姓氏録《しんせんしょうじろく》』残簡「賀茂朝臣本系」に「是役君」とあるのにもたしかめられる（役君については役民を管理する長とする説もあるが、葛城賀茂氏の性格から推測すれば、神役の長とみるべきであろう）。小角というのは、必ずしも役行者独自の名ではなく、古代の人名にもみえるところで、例示すれば大宝二年（七〇二）の御野（美濃《みの》）国味蜂間《あはちま》郡春部《かすかべ》里戸籍には「小角年十五小子」（『寧楽遺文《ならいぶん》』上巻）などとある。『日本霊異記』が「今の高賀茂《たかかも》朝臣といふ者なり」とする「高賀茂朝臣」とはいかなる氏族であったか。これについてはつぎの諸伝が参考になる。『続日本紀』の神護景雲《じんごけいうん》二年（七六八）十一月の条に「従五位上賀茂朝臣諸雄《もろお》、従五位下賀茂朝臣田守《たもり》、従五位下賀茂朝臣萱草《かやくさ》に姓を高賀茂朝臣と賜ふ」とあり、翌年五月の条に「大和国葛上郡人《ひと》正六位上賀茂朝臣清浜《きよはま》に姓を高賀茂朝臣と賜ふ」としるすのがそれである。葛上郡の賀茂氏が「今の高賀茂朝臣」の前身であった。そしてその葛城の高賀茂氏が葛城の鴨神の祭祀集団であったことは、やはり『続日本紀』の天平宝字八年（七六四）十一月の条などによって傍証することができる。すなわち同年十一月庚子に「高鴨神《たかかものかみ》を大和の葛上《かつらぎのかみ》郡に復祠する」こととなったが、それは法臣（大僧都）円興と弟の中衛将監《ちゅうえのしょうげん》従五位下賀茂朝臣田守らの言上によるものであった。

その言上とは「昔、大泊瀬《おおはつせ》（雄略）天皇に獦《かり》したまふ、時に老夫ありて毎《つね》に天皇と相遂《あいおい》て獲《えもの》を争ふ、天皇之を怒りて其の人を土佐国に流す、先祖主《つかさ》どる所の神化《け》して老夫と成りて、爰《ここ》に放逐させらる」というものであり、そこで天皇は賀茂朝臣の田守を遣わして「之を迎え、本処に祠《まつ》らしむ」こととなった。

　役小角につながる葛城の賀茂氏のなかから大僧都となる「法臣」円興が登場し、他方で弟の田守は中衛将監になっているというありようも興味深いが、土佐に配流となったとする高鴨神は葛城賀茂氏の奉斎神であったがゆえの言上となっている。葛城の一言主神と雄略天皇との対決（『古事記』）、あるいは融和・和解（『日本書紀』）の伝承はあっても、高鴨神を土佐へ雄略天皇が配流したとするような所伝はその以前にはない。『続日本紀』も「今、前記を検するに此事見えず」と注記する。あるいは葛城の一言主神と雄略天皇との対決（『古事記』的伝承）の異伝としてあらたに形づくられたものかもしれない。

　葛木（城）の一語（言）大神とは『延喜式』（大和国葛上郡）に載る「葛木に坐す一言主神社」の神であり、高鴨神とは『延喜式』（同郡）に所載する「高鴨阿《たかかもあ》治《じ》須《す》岐《き》詫彦根命《たかひこねのみこと》神社」の神である。土佐国にも葛木の賀茂とゆかりをもつ神とその奉斎集団があったことは、つぎの事例からも察知されよう。『土佐国風土記』逸文に物語る「土左《とさ》の高賀茂《たかかも》大社」の神は、「一言《ひとこと》主尊《ぬしのみこと》」とも、「味鉏高彦根尊《あじすきたかひこねのみこと》」とも伝える（ここでも一言主神と阿治須岐詫彦根命との混同がある）。この「土左の高賀茂大社」の後身の神が『延喜式』（土佐国土佐郡）にいう「都佐《とさ》に坐《ま》す神社」の神であり、『延喜式』（同郡）にはあわせて「葛木男神社」「葛木咩《め》神社」の鎮座を所載する。『和名類聚抄』に土佐国土佐郡内の「鴨部郷」がみえるのも関係がある。

葛城の賀茂氏が鴨（賀茂）の神を祭祀する集団であったことは、『新撰姓氏録』（大和国神別）賀茂朝臣の条に「大賀茂都美命、賀茂神社を奉斎するなり」と記載するのにもうかがわれよう。

『日本霊異記』は、前述のように役小角を「大和国葛木の上郡の茅原村の人なり」とのべるが、その地は南葛城郡掖上《わきがみ》村茅原《ちはら》（現御所市茅原）で、吉祥草寺の寺伝では吉祥草寺を役行者の誕生地とする。いずれにしても、役小角は、葛城の鴨（賀茂）の神を奉斎する高賀茂（賀茂）氏の出身であり、「神役」のこともあってか、「賀茂役公（君）」とも称された氏族をその背景とする人物であった。その彼が（「三十余歳」で）「葛木山に住して呪術を以て称せられ」たのである。その山林修行を「村の生活、つまり昔ながらの共同体を棄てて山林に『亡命』した」とみなし、また「彼は古代国家がその有力な基盤とする同族的共同体を離脱し、それとは別に一つの世界を樹立しようとした」と認識しうるかさらに検討すべきであるが、葛木の一語主大神を駆使する「諸鬼神」のなかに位置づけている『日本霊異記』の伝承には、「同族的共同体」の信仰とは異質の「呪術」「呪法」の「修習」があったとみなければなるまい。

その呪法を「孔雀（王）の呪法」とするのは、仏家の側よりする付会であって、仏呪《ぶつじゅ》のみならず道呪《どうじゅ》があったとみなすべきではないか。古代の日本の歴史と文化の形成に、中国のみならず朝鮮の道教が深いかかわりをもっていたことは、さきに言及したとおり『日本書紀』の推古天皇十年（六〇二）十月の条に、百済僧の観勒《かんろく》が渡来して、暦本・天文地理書だけでなく、「遁甲方術書」をもたらしたとあるように、飛鳥時代には明らかに「方術書」が伝わり、山背《やましろの》臣日立《おみひたて》は観勒について「方術」を学んでいた。そして推古天皇十九年、二十年、二十二年の五月の薬猟《くすりがり》にみられるように、「薬猟」は宮廷の年中行事化し、天智天皇七年（六六八）五月の有名な蒲生野《がもうの》、そして翌年五月の山科野《やましなの》の「縦猟《かり》」へと受けつがれる。

『日本書紀』天武天皇十四年（六八五）十月庚辰《かのえたつのひ》の条に、百済僧法蔵と優婆塞益田直金鍾《ますたのあたいこんしょう》を美濃に派遣して「白朮《おけら》」を煎《せん》じせしめたとあるが、同年十一月丙寅《ひのえとらのひ》の条にも法蔵法師と金鍾が「白朮の煎たるを献《に》じ」たと記述する。キク科の多年生草本である「白朮」は仙薬の類であり、それが天武天皇の鎮魂の儀に献上されたのである。ちなみに百済僧の法蔵は持統天皇六年（六九二）二月の条では「陰陽博士沙門法蔵《おんようのはかせほうしほうぞう》」とみえる。持統天皇の朝廷に呪禁博士《じゅごん》が実在したことは、『日本書紀』の持統天皇五年十二月の条に「呪禁博士木素丁武」とあるのにもたしかである。藤原宮跡出土の木簡に、梁《りょう》の陶弘景《とうこうけい》とかかわりのある「本草集注」がみえていることも、道教系の呪禁・方術・養生術などが伝来受容されていたことを示唆する。

役小角の呪術・呪法が道呪と関連すると思考するのは、『続日本紀』が役小角について「能く鬼神を役使」とし、『日本霊異記』が「鬼神を使役」とする記述とも関連する。『後漢書《ごかんじょ》』の方術伝に、高獲が「能く鬼神を役使」とし、葛洪《かつこう》の『神仙伝』左慈の条に、「能く鬼神を役使」と書き、さらに『抱朴子《ほうぼくし》』の地真篇に「山川の神、皆使役すべきなり」とあるのと同類の表現である。

それればかりではない。『続日本紀』が役小角の弟子とする韓国連広足は、天平三年（七三一）正月に正六位上より外従五位下と進み、翌年十月には典薬頭《てんやくのかみ》になった人物であって、道教系の呪禁ともつながりをもっていたからである。『続日本紀』が文武天皇三年（六九九）五月丁丑《ひのとうしのひ》の条に「外従五位下」とするのは、のちの大宝令制にもとづく位階によったものだが、役小角の弟子であった韓国連広足がじっさいに呪禁師の職能を保有していたことは、『家伝』（下「藤原武智麻呂《むちまろ》伝」）に「呪禁有余仁軍・韓国連広足等」と記述されているのに明白である。そして大宝「僧尼令」の『古記』（『令集解』所引）には「道術符禁、道士法を謂ふなり、今辛《から》国連《くにのむらじ》是《これ》を行なふ」とのべる。この「辛国連」は「韓国連」と同じ氏である。ここに「道士法」とあるのは、道教の道士にかんする貴重な史料といってよい。

韓国連という氏の名は、『続日本紀』の延暦《えんりやく》九年（七九〇）十一月の条によれば、韓国連《からくにのむらじ》源《みなもと》らの先祖である塩児《しおこ》が韓国へ派遣されて、物部連《もののべのむらじ》を韓国連と改められたものであると言上している。そこで韓国を高原《たかはら》に改めたとする。そこには韓国を「蕃（藩）国」とみなす時勢の動向がからんでいたと思われるが、『続日本紀』の天平三年正月の条でも「物部韓国連広足」（ただし金沢文庫本には物部を欠く）、また翌年十月の条でも「物部韓国連広足」と物部を付していることは無視できない。こうした韓国連命名伝承もあるから、韓国連広足を渡来の氏族と断定するわけにはいかないが、朝鮮半島南部と関連をもつ氏族であったことはたしかである。

以上の吟味によって、役小角の呪術・呪法には、仏呪のみならず道呪の系統も重層することを多少ともみきわめえたと考える。その役小角の伝承が、吉野の金峰山（大峰山）の信仰とも深くかかわって展開し、役小角にかんする伝承は、平安時代後期以後に増幅され、やがて修験道の祖とあおがれるようになる。

第三章　儒教と仏教

Ⅰ　儒教の公伝

瀬戸内海と北ツ海

百済や新羅の人びとや百済使や新羅使の人びと、あるいは隋や唐の人びとや隋使・唐使の人びとは、その多くが瀬戸内海ルートによって渡来した。遣百済使・遣新羅使や遣隋使・遣唐使の場合もそうであった。

大宝元年（七〇一）の「大宝律令」、ついで養老年間（七一七—七二四）に成立した「養老律令」と、律令は明確となるが、関や市などにかんする「関市令《げんしりよう》」の適用にあたっては、中国の場合（「唐令」）とはかなり異なっていた。「唐令」では船筏《ふねいかだ》で上下して、津を経る場合でも、過所（パスポート）を必要としたが、養老の「関市令」では「若《も》し船筏関を経て過ぐるは、過所を請《こ》へ」としながらも、実際には、長門《ながと》（山口県）と摂津《せっつ》（中心は難波の津）以外では、船や筏の通行に過所を必要としなかった。

それは天長十年（八三三）にできた養老令の官撰注釈書『令義解《りょうのぎげ》』に「長門及び摂津、その余は過所を請はず、此の限りにあらず」としているのにも反映されている。

律令国家においては、官道が整備されて、陸上の通行はかなりの統制をうけた。けれど、海上の道は、それよりは自由であった。国家がなりたつ以前においては、いっそう自由であった。そこには風波の危険があったが、港湾の市などでの人びとの交流があった。

日本海（北ツ海）ルートの場合はどうであったか。「北ツ海」が日本海の古名であったことは、前にものべた『日本書紀』の都怒我阿羅斯等《つぬがあらしと》の渡来についての記載をはじめとする古文献によってたしかめることができる。

百済・新羅などの使節が、北九州から瀬戸内海をへて難波に上陸したことは、難波に「三韓館」がもうけられていた例にもうかがわれるが、実際には高句麗使の多くは北ツ海ルートを利用したことが、欽明天皇三十一年（五七〇）、敏達天皇二年（五七三）、同三年、加うるに天智天皇七年（六六八）など、すべて北ツ海ルートで上陸しているのにもみいだされる。

したがって北陸に上陸した高麗使は近江路をとり、大和の飛鳥に大王の宮居があった時代には、先述したように近江路から大和へ入るコースの山背国（山城国）相楽郡の地にあった相楽館《さがらかのむろつみ》（高槭館《こまひのむろつみ》）を迎賓館とした。

渤海使節は神亀四年（七二七）から約二百年間に、三十五回（正式のもの三十四回）来日しているが、そのなかで上陸ないし到着の地を明記するものは、出羽（五）、能登（三）、加賀（三）、出雲（三）、隠岐（三）、越前（四）、伯耆（二）、対馬（一）、若狭（一）、但馬（一）、佐渡（一）、長門（一）となっている。これらによっても判明するように、北ツ海ルートをとっていたことがわかる。

もっとも、これらは渤海使節の場合だが、これ以外にも集団による渤海および鉄利（靺鞨《まつかつ》〈北東アジアの沿海州を拠点とする部族〉の一族）の人びとの移民もあった（天平十八年〈七四六〉十二月に一一〇〇余人、宝亀十年〈七七九〉九月に三五九人、両例とも出羽国）。しかも民間サイドにあっても北ツ海ルートによったものが多い（宝亀四年〈七七三〉の六月には渤海使にたいして「筑紫道に従って、来朝すべし」と、北ツ海側よりの上陸を禁断したが、じっさいの効果はなかった）。能登に客院、越前に松原客館などが設けられたのはいいわれあってのことである。

五経博士の渡来

儒教は本来儒学として発展したが、儒礼がととのい、祖先の宗廟のまつりあるいは孔子をまつる釈奠《せきてん》の礼などが行なわれるようになると宗教のいろあいも加わってくる。

ところで儒教もまた渡来人によって伝えられた。『日本書紀』には継体天皇七年（五一三）の六月、百済からはじめて五経博士の段楊爾《だんように》が渡来してきた。もっともその背景に百済の領有していた己汶《こもん》（蟾津江《せんしんこう》上流地域）を伴跛《はえ》国（慶尚北道高霊を中心とする地域）が略奪したのを、倭国が援助して「本属へ還《かえ》したまへ」と要請した状況があったとする『日本書紀』の記述はそのままには信頼できないが、五経博士の派遣が、百済の政治目的とかかわりをもっていたことは疑えない。

五経博士は前漢の武帝が『易経』・『書経』・『詩経』・『春秋』・『礼記』の五経に詳しい博士を任命したのにはじまり、後には子弟の教育や科挙《かきょ》の仕事にたずさわるようになる。百済に五経博士が存在したことは、『日本書紀』の五経博士渡来のこの記事によってもたしかめられ、『三国史記』(百済本紀)の聖王(聖明王)十九年の条には「毛詩(詩経)博士」の記載がある。

儒教経典である五経の博士が渡来してきたことは、少なくとも継体朝に儒教にかんする博士が渡来したありようを示唆する。百済からの仏教伝来のみがとかく強調されがちだが、儒教もまた百済から伝来した。

継体天皇十年の九月、五経博士漢高安茂《あやのこうあんも》が渡来して、段楊爾と交替した。『日本書紀』の欽明天皇十四年(五五三)六月の条には、

「別《こと》に勅したまはく、「医博士《くすしのはかせ》・易博士《やくのはかせ》・暦博士等《こよみのはかせら》、番《つがひ》に依《よ》りて上《まうで》き下《まか》れ。今上件《いまかみのくだり》の色《しな》の人《ひと》は、正《まさ》に相代《あひかは》らむ年月《としつき》に当《あた》れり。還使《かへるつかひ》に付《さづ》けて相代《あひかは》らしむべし。又卜書《またうらのふみ》・暦本《こよみのためし》・種種《くさぐさ》の薬物《くすり》、付送《たてまつ》れ」とのたまふ」

とあって、交替で百済の学者が参上退下したことがわかる。

百済ばかりではない。たとえば推古天皇十八年(六一〇)の三月には高句麗から僧曇徴《どんちょう》・法《ほう》定《じょう》が渡来してきたが、曇徴は「五経を知れり」と『日本書紀』は明記する。そしてまた「よく彩色及び紙墨を作り、あはせて碾磑《みずうす》(水利)を利用した臼を造る」と書く。五経博士たちは儒

学のみならず多方面の才伎をもたらした（『日本書紀』天智天皇十年正月の条）ことがわかる。なお天智朝の漢詩・漢文学の隆盛に寄与した百済から渡来してきた許率母《こそちも》を「五経に明なり」としているのもみのがせない。

『論語』の重視

律令制度がととのうのにしたがって、都には大学を設けて五位以上の子孫や東《やまと》・西《かわち》の史部《ふひとべ》の子弟を学生として入学させ、各地域に国学（各国々の学校）を置いて、郡司の子弟を入学させた。そして大学は式部省が、国学は国司が管理した。

私がかねがね注目してきたのは、大学や国学の入学・教科・試験などを規定した「学令《がくりよう》」の、第五条に、

「凡そ経《きやう》は、周易《しうやく》、尚書《しやうしよ》、周礼《しうらい》、儀礼《ぎらい》、礼記《らいき》、毛詩《もうし》、春秋左氏伝《しゆんじうさしでん》をば、各《おのおの》一経と為《せ》よ。孝経《かうきやう》、論語《ろんご》は、学者《がくしや》兼《か》ねて習へ」

とし、第六条に、

「凡そ正業《しやうごふ》教へ授けむことは、周易には鄭玄《ぢやうぐゑん》、王弼《わうひつ》が注《ちう》。尚書には孔安国《くあんごく》、鄭玄が注。三礼《さむらい》、毛詩には鄭玄が注。左伝には服虔《ぶくげん》、杜預《とよ》が注。孝経には孔安国、鄭玄が注。論語には鄭玄、何《か》晏《あん》が注」

と定め、第七条に、

「凡そ礼記、左伝をば、各《おのおの》大経《だいきやう》と為《せ》よ。毛詩、周礼、儀礼をば、各中経《ちうきやう》と為よ。周易、尚書

をば、各小経《せうきやう》と為よ。二経通《つう》せらむ者《ひと》は、大経内に一経通し、小経内に一経通せよ。若し中経ならば、即ち併《あは》せて両経通せよ。其れ三経通せらむ者《ひと》は、大経、中経、小経、各一経通せよ。五経通せらむ者《ひと》は、大経並に通せよ。孝経、論語は、皆兼ねて通《つう》すべし」と教科の内容をきめているなかで、『孟子』をとりあげていないことである。

第Ⅰ部第三章で述べたように漢氏の祖とする王仁《わに》博士が応神朝に『千字文』はともかく、『論語』を持参して教えたと伝えるとおり、孔子の「文」を重んじ「行」を実践し、他人にこころをつくす「忠」、さらに言行一致の「信」を守り、「仁」と「孝悌」を道徳の基礎とする『論語』は早くから重視していた。そして大学や国学でも、『論語』は『孝経』と共に必須であった。

ところが『孟子』がその教科のなかに入っていないことである。『孟子』は性善説をとり、君主は徳治主義の政治を行なって民意を尊重しなければならぬとする易姓革命思想を力説した。君主といえども徳治を怠れば天命革《あらた》まるとする教えは、採用しなかったといえよう。天皇の王道と、中国皇帝の王者イコール覇者とする君主観のちがいがみいだされて興味深い。孟子よりも孔子を重視したことは釈奠《せきてん》（孔子のまつり）の礼をもっとも重んじたことにもうかがわれる。

2　仏教の伝来

朝鮮三国と仏教

六世紀前半の欽明朝といえば百済の聖明王（聖王）から倭国の朝廷に仏教が公伝したことが有名である。遣隋使や遣唐使によって、中国（隋・唐）から仏教が伝来し、また奈良時代には天竺（インド）や林邑（ベトナム）などから菩提僊那や仏哲などの僧が来日した。ここではまず朝鮮半島へ仏教がどのようなプロセスで伝わり、倭国ではどのようにして受容されたかをかえりみることにしよう。仏教の場合にも渡来の僧や仏工たちが大きな役割を演じたことをたしかめることができる。

高句麗に仏教が伝来したのは、『三国史記』の高句麗本紀に、小獣林《しょうじゅうりん》王二年（三七二）六月、前秦王符堅《ふけん》が使者と僧順道《じゅんどう》を派遣して、仏像・経文をもたらしたと書き、さらに同王四年には僧阿道《あどう》が来たり、翌五年二月、順道らが肖門寺、阿道らが伊弗蘭寺を建立したとしるす。その場合、たとえば『三国史記』が故国壌王九年（三九二）三月の条に「仏法を崇信して福を求む」ことにあわせて、「有司に命じて、国社を立て、宗廟を修む」と書き、同祭祀志の『古記』に同年同月「国社を立つ」とのべるように、儒教と仏教とがいわゆる習合の状況にあったこともみのがせない。
造寺がひきつづき行なわれたことは、『三国史記』が広開土王（好太王）二年（三九二）「九寺を平壌」に創建したと記述するのをはじめとして、平壌の力浦区域戊辰里で広大な定陵寺跡が検出され、また発掘調査で明らかとなった同大城区域清岩里廃寺跡などの高句麗寺院跡にもたしかめることができる。

南浦市の徳興里壁画古墳は、その墨書墓誌銘によって、永楽十八年（四〇八）の築造であることが判明したが、その壁画には七宝行事など、仏教関係の風俗画が描かれているばかりでなく、被葬者「鎮」が仏教の信者であったことは、その墨書墓誌銘に、「釈迦文仏弟子」とあるのにも明らかである。「釈迦文」あるいは「釈迦文仏」は、中国の漢訳仏典にもみえるところで、釈迦牟尼のことであった。それはたとえば後漢の『修行本起経』（竺大力・康孟詳訳）に「釈迦文」とあり、また支遁《しとん》（三一四—三六六）の『広弘明集《こうぐみょうしゅう》』の「釈迦文仏像讃并《ならびに》序」に「釈迦文仏」とある例などがそれである。朝鮮半島の在銘仏にも「釈迦文像」と明記するものがある。忠清北道中原郡老隠面で発見された「建興五年（三一七）」在銘の金銅釈迦像光背銘には「釈迦文像」とみえる。

もっとも徳興里壁画古墳で軽視できないのは、仏教信仰と重層して前述のとおり道教の信仰も内包されていたことである（『古代の道教と朝鮮文化』人文書院、一九八九年）。その壁画に牽牛・織女の人物像が描かれていたほか、「仙人持華」・「玉女《ぎょくじょ》持幡」・「玉女持槃」と墨画された仙人・玉女（仙女）の図がある。この仙人・玉女が道教のそれであることはいうまでもない。

百済への仏教の伝来は、はたしていつごろであったか。『三国史記』の百済本紀に枕流《ちんる》王元年（三八四）九月、胡僧の摩羅難陀《まらなんだ》が東晋から百済におもむき「王、之を迎えて宮内に致し、礼教」したとしるすのが有名である。このことは『海東高僧伝』にもみえており、同二年春、漢山寺を創建し「度僧十人」とのべる。『三国遺事』もそのことを明記して、『三国史記』の「仏法此に始る」の表現と同じく、「此百済仏法の始」と記述する。

この枕流王元年の仏教伝来記事については、これを疑問視する説もあるが、武寧王の時代以前に、百済に明確に仏教が伝来していたことは、武寧王と王妃の墓誌石によって年次のわかる冠や枕の文様・図でたしかめられる。斯麻王（武寧王）が癸卯年（五二三）に崩じ、乙巳年（五二五）に王陵に葬られ、王妃が丙午年（五二六）になくなって、己酉年（五二九）に葬られたことが知られる。その王と王妃の金製冠飾に、蓮花文様の透彫《すかしぼり》があり、さらに王妃の木枕の表面に蓮華と飛天の図があったことなどにもうかがわれよう。

忠清南道瑞山郡から出土した銅造如来像は、六世紀中葉の造仏と推定されており、扶余の扶蘇山出土の金銅造三尊像は、六世紀後半の作とみなされている。いずれにしても、六世紀前半までに仏教が伝来していたことは疑えない。

ここでも注目すべきことがある。それは、武寧王陵出土の獣帯鏡や神獣鏡の銘文に「上有仙人不知老」の道教の文言があるほか、買地券石じたいが道教の信仰とかかわりをもつものであることにとどまらず、先にもふれたように王妃の買地券石（この場合は冥府の神から墓地を買う墓誌石）の末尾に、「不従律令」と刻記されている点である。「如律令」・「急々如律令（急々たること律令のごとし）」は、中国の買地券にみえるところであり、魏・晋の時代にはすでに存在した道教の呪言であった。「不従律令」の文言は、変形類語化した道教の呪言にちなんだものとみなすべきであろう。

新羅における仏教受容はどうであったか。『三国史記』の新羅本紀には、訥祇《とつぎ》麻《ま》立干《りつかん》（王）（在位四一七―四五八）の代に、高句麗から僧の墨胡子《ぼくこし》が一善郡に来たのがそのはじめと伝える。そしてつぎの慈悲麻立干のあと即位した炤知《しょうち》麻立干（在位四七九―五〇〇）の代に、やはり高句麗僧の阿道が、三人の侍僧とともに一善郡に入ったという。しかし「肇行仏法」の年を『三国史記』では法興王十五年（五二八）とする。この所伝については、『唐伝』の慈蔵伝などを参考として、法興王十四年（五二七）とみなす説も提出されているが、いずれにしても仏教の伝来が法興王の代であったことにかわりはない。

そしてその信仰のひろまりが、たとえば『三国遺事』が真興王の信仰にかんして、崇仏とあわせて「神仙を尚ぶ」とのべるような状況のあったことも無視するわけにはいかない。

冊封体制と崇仏論争

高句麗・百済・新羅における仏教伝来のありようを若干かえりみてきたが、そのさい注目すべきことがある。それは高句麗・百済にあっては、仏教の受容をめぐる論争ないし対立が勃発した形跡はいっこうにない点である。ところが新羅においては奉仏・排仏のきびしい抗争のあったことを、『三国史記』の新羅本紀はおよそつぎのように記述している。

『三国史記』は法興王十五年（五二八）を「肇行仏法」の年として、つぎのような説話を伝える。法興王は仏教を興隆しようと欲したが、群臣は信じず、口々にうるさく言うので、王は悩んだという。そこで近臣の異次頓《いじとん》（処道）が奏上して、「請う、小臣を斬って、以て衆議を定めよ」と。そこで法興王は「もともと仏道を興そうと欲しているが、無辜《むこ》（罪のない）の人を殺すは非なり」と答えた。異次頓は「もし仏道を行なえるのであれば、臣はたとえ死んでも憾《うら》みはない」という。そこで王は群臣を召集して意見を聞いた。群臣らが皆言う「今、僧徒をみるに、頭を剃り、変な服を着て、議論は怪しいいつわりで、しかも常道ではない。今もしこのままにしておけば、恐らく後悔することになろう。臣らはたとえ重罪になっても、あえて詔を奉せず」と。異次頓は「今、群臣の言は非なり。およそ非常の人がいて、然る後に非常の事がある。今、聞けば仏教は淵奥にして、恐らくは信じないわけにはいかない」と。王は「衆人の言は牢固にして、破るわけにはいかない。汝ひとり異言を申すが、両方の意見に従うことはできない」といって、刑吏に命じて異次頓を誅殺しようとした。異次頓は死に臨んで、「我は仏法のために刑死する。仏にもし神あれば、吾死すれば必ず異事あらん」とつげた。異次頓を斬殺すると、血が断ち切ったところから湧きでて、その血の色は白く、乳のようであった。人々はこれをあやしみ、再び仏事をさまたげることはなかったと伝える。

この説話について『三国史記』の編者金富軾《きんふしよく》は、金大問《きんだいもん》の『鶏林雑伝』によって書くと付記し、韓奈麻と金用行の撰した「我道和尚碑」の所伝とは異なるともしるしている。

新羅への仏教の伝来にかんしては、『海東高僧伝』・『三国遺事』などにもみえるが、『三国遺事』には、異次頓が「為法滅身」したとのべる。異次頓の伝承はあくまでも説話であって、『三国史記』に記述するとおりの奉仏・排仏の事件があったかどうかは疑わしい。しかしこのような事件を、『三国史記』が特筆した背景には、仏教受容をめぐって新羅宮廷内部になんらかの抗争があったことは認めてよいであろう（異次頓について「近臣」と記載することもみのがせない）。

その点について朝貢して臣従の礼をとる冊封関係のつながりから解釈する説（田村圓澄『古代朝鮮仏教と日本仏教』吉川弘文館）がある。示唆にとむ見解であり、注目すべき所論といってよい。高句麗が中国王朝の冊封体制にくみこまれたのは、故国原王二十五年（三五五）であり、百済は近肖古王二十七年（三七二）からであった。仏教を高句麗や百済が受容したおりは、両国はともに冊封体制のもとにあった。しかし新羅はそうではなくて、新羅が中国王朝（北斉）の冊封体制に入ったのは真興王二十六年（五六五）からである。つまり中国王朝の冊封体制下になかったことが、中央貴族層が仏教拒否の態度を示すことができた大きな要因とみなされたのである。すべての理由を冊封関係のみで律することはできないが、重要な視点である。

『三国史記』は異次頓の言葉のなかに、「仏若有神（仏にもし神あれば）」という文言を記載する。この文言は、神と仏の習合にちなむ用語であり、『後漢書』の楚王列伝に「西方に神あり、その名を仏と曰ふ」とのべる用法とも類似する。

高句麗では前秦王朝から仏教が伝来し、百済には東晋王朝を介して仏教が伝来した。だが新羅への仏教伝来のコースは、中国からではなく高句麗からであった。この点も軽視できないが、仏教を公認するにいたった新羅では、法興王が興輪寺を建立し、真興王は皇龍寺を造立した。

倭国の受容

倭国の場合はどうであったか。『日本書紀』などは、欽明天皇の壬申《みずのえさる》年（五五二）に百済の聖明王（聖王）から釈迦金銅像一軀（一体）と幡蓋若干・経論若干がもたらされたとしるすし、『上宮聖徳法王帝説』や『元興寺伽藍縁起幷流記資財帳』などでは、欽明天皇の戊午《つちのえうま》年（五三八）に伝来したとのべる。

戊午年説は予言の書にもとづく讖緯《しんい》思想の戊午の年には天命が革《あらた》まるという革運説にもとづくもので信じがたいとみなす見解もあるが、はたして仏教とは異質の戊午革運説による所伝かどうかなお検討を要する。壬申年説については、その年がちょうど釈迦の入滅年から起算して末法第一年にあたることにもとづいて合理的に編纂したものとみなす考えもある。その両者の折衷説として、戊午年が公伝年であり、壬申年は礼仏の可否を群臣に諮問した年とする見方も提出されている。

現在では戊午年つまり五三八年を倭国への仏教公伝年とする説が有力だが、いまひとつ無視できぬ論説がある。戊午年説あるいは壬申年説という年次の矛盾は、百済王暦の算定基準の差異によるとする考察である（三品彰英・笠井倭人両氏らの説）。たしかに継体・欽明朝にかんする年次の倭国側伝承には、同一事件を異なった年次でしるす例が少なくない。これらは聖明王の即位年にかんする百済王暦において、五一三年（『三国遺事』）、五二三年（『三国史記』の即位干支）、五二四年（『日本書紀』）、五二七年（『三国遺事』の治世年数）というように、差異があることとかかわりをもつ。

戊午年説は五一三年の即位伝承にもとづいて、聖明王の二十六年目すなわち五三八年説を採用し、壬申年説は五二七年の即位伝承を規準にして、聖明王の二十六年目つまり五五二年説をその編年にくみいれたと推定できる。

とすれば、聖明王の確実な即位年次が判明すると、この公伝年論争にあらたな視点を導入することができるのではないかと、私はひそかに思考してきた。やがて聖明王のたしかな即位年次をみさだめうる資料が検出された。それは前にも言及した昭和四十六年（一九七一）の忠清南道公州宋山里の武寧王（斯麻王）陵の発掘成果による墓誌石の銘文であった。そこには武寧王が癸卯《みずのとう》年（五二三）の五月七日に六十二歳で崩じたことを明記する。当時の王は、先王の崩後ただちに即位するのが慣例であり、『三国史記』の五二三年の聖明王即位の伝承が正しい記載であることが判明した。そこで私は五二三年の聖明王即位年の二十六年目、戊辰《つちのえたつ》年（五四八）が公伝年ではないかと推察した（『聖徳太子』平凡社）。百済から渡来した僧のなかに道深ら七人の僧があり、欽明天皇十五年（五五四）二月に百済の僧曇慧《どんえ》ら九人と交替したが（『日本書紀』）、そのおり東城子莫古《とうじようしもこ》と交替した東城子《し》言《ごと》が渡来した年は欽明天皇八年（五四七）の四月であることがたしかめられるので、公伝年は五四七年前後と解しうる要素も濃厚である（松木裕美説）。仏像・経典の伝来も重要だが、公伝のメルクマールとしては、僧侶の渡来がもっとも注目すべき内容となる。五四八年のころには仏の教えを説く僧が渡来していたのである。

いまもし仏像の受容を重視するなら、京都府南丹市園部町の垣内《かいち》古墳や奈良県広陵町の新山《にいやま》古墳（ともに四世紀後半）から仏像と神獣を配置した仏獣鏡が出土しているが、そこには仏像が鋳出されており、四世紀後半に仏教が伝来したことになる。

私見では通説と異なって五四八年説を支持してきたが、この年には高句麗が北方系の濊人《かいじん》と百済の独山城を攻撃して、激戦が展開されている。聖明王からの仏像などの贈呈には、たんなる文化の伝播にとどまらず、外交的意味あいも内在していたと思われる。もとより仏教の公伝年は、あくまでも百済王と倭国王との公的交渉にかんする年次であって、畿内大和よりもさきに、北九州や北ツ海沿岸（とくに朝鮮半島に近い地域）には、仏教文化が流入していたとみるのが自然である。福岡県の霊仙寺や大分県の満月寺の開基伝承が、公伝年よりも早いことや対馬市上県《かみあがた》町佐護《さご》の廃寺跡から北魏の興安二年（四五三）の阿弥陀如来像がみつかり、大江匡房《まさふさ》の『対馬貢銀記』には、百済の比丘尼《びくに》法明が渡来したとしるすことなども参照すべきであろう。

ところで倭国の宮廷にあっては、新羅と同じように、崇仏・排仏の論争がおこっている。五世紀においてはいわゆる倭の五王の中国南朝への遣使・朝貢にみるように、中国王朝の冊封体制にくみいれられていたが、六世紀においては、倭国は冊封体制のもとにくみいれられてはいなかった（『大王の世紀』小学館、『倭国の世界』講談社現代新書、参照）。冊封体制下でない倭国において、崇仏をめぐる抗争が惹起したのである。この点は新羅の場合、中国からの直接の仏教受容でなく高句麗からであり、倭国の場合も、百済からであったことにあわせて留意する必要がある。

崇仏・排仏の実相

いわゆる崇仏・排仏の争いを具体的にのべるのは『日本書紀』の所伝である。『書紀』の欽明天皇十三年十月の条には、大王が群臣に礼仏を諮問したおり、蘇我大臣稲目《いなめ》は崇仏を主張し、物部大連尾輿《おこし》と中臣連鎌子は反対を唱えて、蘇我氏の礼拝する仏像を難波の堀江に流棄したと伝える。そして、「天無風雲」と描写する。さらに敏達天皇十四年三月の条には物部大連守屋《もりや》と中臣連勝海《かつみ》がやはり崇仏にあらがって、仏像と仏殿を焼き、「焼く所のあまりの仏像」を難波の堀江に棄てたと記述する。そのさいの描写を、欽明天皇十三年十月の条の記載と同じように、「無雲風雨」としるす。

この両条の編述の構想には、類似するところがあり、中臣鎌子・勝海の実在性にも疑問がある。ここに登場する鎌子・勝海は、「中臣氏系図」に引用する延喜本系などにもみえず（『日本古代国家論究』塙書房、一九六八）、「無風雲」・「無雲」などの類似の文言も潤色の可能性が強い。しかもすでに多くの先学が指摘されているように、その文飾に、梁の『高僧伝』や唐の義浄《ぎじょう》の新訳の『金光明最勝王経』などにもとづくところがある。ちなみに義浄の新訳は、長安三年（七〇三）に完成し、それが遣唐使によって日本国にもたらされている。『書紀』のそれらの該当記事がそれ以後の編述であることも間違いない。

だがその故に、崇仏・排仏の抗争がなかったとはいいがたい。なぜなら仏教の受容をめぐる争いは『日本書紀』のほか、たとえば『日本霊異記』（上巻・第五話）などにも伝えられているからである。とくに『霊異記』のそれは大伴氏の『本記』によっての記述であり、たんなる作為ではなかった（詳細は「まれびと論の再検討」『日本古代国家論究』所収、塙書房で言及した、後述参照）。やはり倭国の宮廷内における崇仏・排仏の抗争はあったとみるべきであろう。

飛鳥文化と仏教

飛鳥文化を特徴づけるのは仏教文化の開花であった。その中心には廏戸皇子《うまやどのみこ》（聖徳太子）と蘇我馬子《そがのうまこ》がいた。廏戸皇子は、敏達天皇三年（五七四）に生まれ。推古天皇三十年（六二二）に享年四十九で亡くなったが、その生涯はおよそ前・中・後の三期に分けて考えることができる。その前期は、推古天皇元年（五九三）の皇太子となるまでの時期である。中期は推古天皇十三年、三十二歳のおりに斑鳩宮に遷居するまでの期間である。そして、後期はその後の薨年までの時期であった。

太子は三十二歳の時になぜ大和飛鳥を去って斑鳩の地に遷ったのか。「天寿国繡帳銘」にみえる遺語の「世間虚仮唯仏是真《せけんこけゆいぶつぜしん》」にもとづいて、「世間」を「虚仮」とし、仏法の世界に隠世したとする見解もあるが、私はそうは考えない。

斑鳩の地の西は、河内（大阪府）に通じる竜田越えにつながり、大和川が流れる要域である。河内と大和を結ぶ水陸交通の重要な場所に位置する。太子は、推古天皇元年には難波津につながる上町《うえまち》台地に四天王寺（大阪市）を創建している。瀬戸内ルートによる、内外の門戸を意識しての四天王寺の造営であった。この四天王寺の真東の方向に斑鳩宮が所在する。

「天寿国繡帳」部分（中宮寺蔵　撮影：飛鳥園）

隠世ではなく、先に指摘したように蘇我氏との「共治」の矛盾のなかでの、むしろ積極的に難波津へのコースを意識した斑鳩宮への遷居であった。法隆寺をはじめとする、寺院の建立に象徴される「仏都」の建設をめざしたのではなかったか。

太子と渡来文化とがいかに不可分であったかは、妃のひとりで太子を寵愛した橘《たちばなの》大郎女《おおいらつめ》が天寿国の太子を偲んで、「諸々の采女」たちに繡帳二張りを造らしめた「天寿国繡帳」にもうかがえる。「画者」は東漢《やまとのあや》末賢《まけん》・高麗《こま》加西溢《かせい》・漢奴加《あやのぬか》己利《こり》であり、「令者」は秦久麻《はたのくま》であった。いずれも、渡来系の今来《いまき》の才《て》伎《ひと》である。錣葺《しころぶ》きの建物は敦煌の257号・285号の壁画や高句麗古墳の壁画にもあり、繡帳に描かれている雲気文《うんきもん》は高句麗の真坡里《しんはり》1号墳のそれと類似する。男子像は高句麗の双楹塚《そうえいづか》の壁画や法隆寺金堂の阿弥陀如来像の台座に描かれた男子像と、女人像の服装は高句麗の修山里や徳興里の壁画の女人像のそれと、それぞれがきわめて類似している。

「天寿国繍帳」がつくられた時代を天平時代とみなす説はあたらない。『法隆寺伽藍縁起 幷《ならびに》流記《るき》資材帳』に「繍帳弐張《ふたはり》其（具カ）帯廿二条　鈴三百九十三　右納賜浄御原宮御宇　天皇（天武天皇）」とみえる「繍帳弐張」は、信如尼が鎌倉時代の文永十一年（一二七四）に、法隆寺綱封蔵《こうふうぞう》でみつけた「天寿国繍帳」二張りと同様であり、それに多くの鈴が付いていたとする記述（『聖誉鈔《しょうよしょう》』）とも「鈴三百九十三」は符合する。

　ここで蘇我氏の氏寺として建立された飛鳥寺（法興寺）のありようを考察することにしよう。『日本書紀』によれば、崇峻天皇元年（五八八）に蘇我馬子が造営を開始し、推古天皇元年（五九三）正月から塔の建立がはじめられ同四年の十一月に竣工したと記載する。そして馬子の長男である善徳を寺司とし、高句麗僧の慧慈《えじ》と百済僧の慧聡《えそう》らが居住したという。高句麗と百済の僧が飛鳥寺の僧となったのは、飛鳥寺が高句麗の清岩里廃寺などと同類の伽藍配置をとっていること、また出土した瓦が百済風であって、百済から渡来した造寺工らの伝えと付合する。

　推古天皇十三年四月には推古女帝・廏戸皇子・蘇我馬子をはじめ、諸王・諸臣らかが銅の丈六の仏像と刺繍の仏像の造像を誓願して、司馬《しば》達等《たつと》の孫である仏師鞍作鳥《くらつくりのとり》（止利）に製作を命じたとしるす。そしてそのおり、慧慈の通報をうけてか、高句麗の大興王（嬰陽王）が黄金三百両（『元興寺縁起』では三百二十両）を献じたとのべる。この飛鳥寺が官寺になったのは天武天皇九年（六八〇）の四月であった。

昭和三十一年（一九五六）と翌年の奈良国立文化財研究所の発掘調査により、飛鳥寺の塔の心礎から金銀の延板や小粒、勾玉《まがたま》・管玉《くだたま》・切子《きりこ》玉《だま》など種々の玉類、そして挂甲《けいこう》・金環・馬鈴・金銅打出金具・蛇行状鉄器・刀子《とうす》などが出土した。後期古墳の副葬品と同様の埋納物があったことは、古墳から寺院への推移がなお不可分の関係にあり、巨大な古墳が政治的権威のシンボルであったのと似通って、飛鳥寺もまた政治的モニュメントとしての意味を多分に保有していたことを物語る。

なお百済最後の都であった泗沘（扶余）の王興寺跡で、金・銀・青銅の容器が心礎からみつかり、容器の刻銘で五七七年の創建であることがたしかとなった。王興寺の寺名どおり威徳王が発願して建立された寺であり、その五七七年に百済から造仏工・造寺工らが倭国へ派遣されているのが注目される。

飛鳥寺の発掘成果によって、東西両金堂がはじめから設計されていたとしても、中金堂と塔の建築様式と東西両金堂の様式との間には、ずれのあることがたしかめられており、飛鳥寺の完成はまず塔と中金堂ができ、ついで東西両金堂が造営されるというプロセスをたどったと考えられる。推古天皇四年以後もその仕上げのための作業はつづけられたのであろう。

飛鳥寺の伽藍配置は一塔三金堂で、高句麗の平壌清岩里廃寺（金剛寺）や力浦区域戊辰里の定陵寺と同じ伽藍配置であったことが注目される（ただし定陵寺跡では中金堂と東西金堂の間に回廊がある）。

太子とつながりの深い百済の博士覚哿《かくか》・僧の慧聡《えそう》・観勒、高句麗の慧《え》（恵）慈《じ》、さらに新羅使の導者となった新羅系の秦河勝《はたのかわかつ》などは、太子の「和」の外交のブレーンたちであった。廏戸皇子は、あらたに渡来した学者や僧ばかりでなく渡来系の人びととも密接なかかわりをもった。

渡来の僧たち

崇峻朝から推古朝にかけてのめぼしい渡来僧を列挙すると、崇峻天皇元年（五八八）には百済から恵総（慧聡とは別人）・令斤《りようこん》・恵寔《えしやく》らが渡来して仏舎利がもたらされ、また聆照《りようしよう》律師・令威・恵衆・恵宿・道厳《どうごん》・令開《りようけ》らが仏舎利を奉じて来朝している。蘇我馬子はこれら百済僧に受戒の法を問うたという。

推古天皇三年（五九五）には前にのべた高句麗の慧慈や百済の僧慧聡が来たり、推古天皇十年には百済の僧観勒、高句麗僧の僧隆・雲聡が渡ってくる。そして推古天皇十七年には百済僧の道欣《どうこん》・恵弥《えみ》が肥後の葦北の港へ漂着し、翌年には高句麗の僧曇徴《どんちよう》・法定《ほうじよう》が来朝した。百済僧がもっとも多く、ついで高句麗僧となるが、新羅僧も新羅の使節に加わって渡来したと思われる。

ところでそれら渡来僧たちは仏法のみを伝えたのではなかった。崇峻天皇元年の百済僧らは寺工・鑪盤師（仏塔の相輪基底部分の鋳造技術者）・造瓦師《ぞうがし》・画工をともなったし、観勒は暦法や遁甲・方術の書をもたらし、曇徴は色彩や紙墨の製法を伝え、水力を利用した碾磑《みずうす》をつくった。推古天皇二十年に渡来してきた百済人は仏説にいう須弥山の形をつくり、唐風の橋をかけて路子工《みちこのたくみ》と称されたし、百済の味摩之《みまし》は伎楽《ぎがく》を伝習せしめた。仏教にあわせて道教も伝来したし、さらに造寺・造仏の技術はもとよりのこと、新しい文物や智識・芸能が伝えられたのである。

渡来僧らの文化が、飛鳥時代の文物を多彩にしていったが、それら渡来僧以前に移住していた渡来集団も、飛鳥文化のにない手として活躍した。その間の事情は、前述した司馬達等《たちと》の娘善信尼をはじめとして、初期の尼僧の多くが新羅の女人善妙や百済の女人妙光たちであったこと、また達等の子多須奈《たすな》が出家して徳斉《とくさい》法師となり、百済から渡来した観勒に暦法を習ったのが陽胡史《やこのふひと》の祖とする玉陳であり、天文・遁甲を学んだのが大友村主《すぐり》高聡であったこと、さらに味摩之から伎楽の儛を伝習したのが真野首　弟子《まののおびとのでし》や新　漢　済文《いまきのあやのさいもん》であったことなどにもうかがわれる。

廏戸皇子や蘇我馬子のみが渡来の人びととまじわりをもったのではない。大伴氏や物部氏のなかにも、渡来系技術集団の管掌とかかわりをもつ者があった。蘇我馬子らは物部守屋討伐によって、そうした渡来系の技術集団をいっそう掌握するにいたったのである。仏法興隆の強力な推進者が廏戸皇子や蘇我馬子であったことはたしかである。しかし、たとえば尼僧のなかに大伴連狭手彦《さでひこ》の娘善徳・大伴狛《こま》の夫人があり、仏法の信奉者に大伴屋栖古《やすのこ》がいたように、大伴一族のなかにも仏教の信者は存在していた。あまたの渡来僧のなかでもとりわけ注目をひくのは、高句麗僧慧慈の存在である。慧慈は推古天皇三年（五九五）五月に渡来し、推古天皇二十三年に帰国するまで約二十年間倭国に滞在した。

慧慈は廏戸皇子の師となり、廏戸皇子は「内教（仏教）を高麗僧の慧慈に習」ったという。慧慈が渡来してきたその年、廏戸皇子は二十二歳であった。そして翌年十月廏戸皇子は伊予へ慧慈らと共におもむいた。これは僧仙覚の『万葉集註釈』に引用する『伊予国風土記』逸文とされるものにのべるところであり、松山市道後温泉の伊社邇波《いさにわ》の丘には、湯岡《ゆのおか》の碑があって、廏戸皇子が慧慈らと、湯岡のあたりを逍遥したことを碑文にしるす。

のちに舒明天皇のほか斉明女帝や山部赤人らも伊予の温泉におもむいているが、渡来してから一年五か月ばかりたった慧慈が廏戸皇子と一緒に湯岡を逍遥した。そのであいとまじわりの深さがうかがえる。

飛鳥寺に居住した慧慈は「三宝の棟梁」の一人として尊敬されたが、廏戸皇子とのむすびつきは密接であって、慧慈は帰国後廏戸皇子が亡くなった報に接して、大いに悲嘆し、廏戸皇子を「これ実《まこと》の大聖なり」とたたえ、「来年の二月の五日（『日本書紀』にしるす忌日）を以って必ず死なむ」と誓願したという説話さえが形づくられたほどであった。

『日本書紀』は「慧慈、期《ちぎ》りし日に当りて死る《みまか》。是を以つて、時の人彼も此も共に言はく「それ独り上宮太子の聖にましますのみに非ず、慧慈もまた聖なりけり」」と叙述する。『日本書紀』において廏戸皇子のみならず、慧慈もまたすでにして「聖」僧とあがめられ神秘化されていた。

廏戸皇子薨後のこの後日譚は、高僧慧慈を美化し潤色したものであろうが、それにしてもこうした説話が誕生するくらいに、廏戸皇子の師たる慧慈の存在は人びとに強く印象づけられていたのである。廏戸皇子の師には、慧慈と同年に渡来してきた百済の高僧の慧聡がおり、博士の覚哿《かくか》がある。しかし慧聡や覚哿については、こうしたエピソードは形づくられなかった。慧聡や覚哿らも朝鮮三国や隋の動静を廏戸皇子に伝えたであろうし、さらに推古天皇五年に来朝した百済の阿佐《あさ》太子は、直接に百済を主とする情報をもたらしたにちがいない。

だがそれ以上に慧慈の廏戸皇子における役割は多大であった。仏教の直接の師であった慧慈は、当時の国際情勢にたいする廏戸皇子の認識についても少なからぬ影響を与えたであろう。『上宮聖徳法王帝説』に廏戸皇子が三経（法華経・勝鬘経・維摩《ゆいま》経）の注釈をつくるにあたって慧慈の教えをうけたことをのべるのもたんなるこじつけとはいいがたい。

渡来系才伎の活躍

廏戸皇子とゆかりの深い人物の一人に、飛鳥時代の代表的仏師であった司馬鞍首止利（鞍作鳥とも書く）がいる。止利の祖父は、司馬達等であった。達等は別に、「按師首達等」（『元興寺縁起』）、「案部村主司馬達止」（『扶桑略記』）ともしるされたが、仏教の信仰者であり、「草庵」を大和国高市郡の坂田原にいとなんだという。

司馬達等はのちに「大唐」の人あるいは南朝梁の人とされるようになるが、馬具などの製作に従事した工人集団の「鞍部」を名乗った。「鞍部」には朝鮮半島から渡来した人びとが多いこと、また「村主《すぐり》（勝）」を称したのは朝鮮半島から渡来したものに少なくないこと、さらに達等の娘嶋（善信尼）が百済に求法した例など、達等も朝鮮半島から渡来した人物ではないかと思われる。

　前にもふれたごとく、達等の子の多須奈も仏教の帰依者で、崇峻天皇三年（五九〇）には出家して徳斉法師と称した。馬具製作などの技術は仏像づくりにも応用されて、多須奈は廐戸皇子の父である用明天皇の病気平癒を祈願して、丈六の仏像をつくったりした。

『日本書紀』の推古天皇十三年（六〇五）四月の条には造仏工として止利の名がみえ、その秀技をもって、飛鳥寺の丈六銅像をつくったと伝えられるが、翌年五月には祖父いらいの崇仏と造仏の功によって、大仁《だいにん》（冠位十二階の第三位）を贈られ、近江の坂田地域の水田二〇町を与えられた。止利はこの水田を財源にして金剛寺をつくったが、『日本書紀』はそれが南淵《みなみぶち》（明日香村祝戸）の坂田尼寺であったとする。

　止利仏師の造仏の技法は止利式あるいは止利様《よう》といわれるほどに、飛鳥時代の仏像彫刻に大きな影響をおよぼした。なかでも注目すべき止利の造仏に法隆寺の釈迦三尊像がある。その光背銘文には、廐戸皇子と妃の膳部郎女《かしわでのいらつめ》とが病床につき、その祈願をなしたことがのべられている。そして「三宝を仰依《あおぎ》みて、まさに釈像の尺寸は王の身なるを造りたてまつるべし」とある。廐戸皇子等身の釈迦像を造顕する任にあたった仏師がほかならぬ止利であった。しかしその甲斐もなく、廐戸皇子は亡くなった。推古天皇三十年（六二二）の二月二十二日、廐戸皇子がこの世を去ってからも、なお造仏はつづき、翌年三月中に完成する。廐戸皇子の死後も造仏にあたった仏師の想いはいかばかりであったろう。

　止利（鳥）仏師ばかりではない。飛鳥寺の創建にあたっては、百済から僧・寺工・瓦師・画工などが招かれており、それらの指揮には百済・加耶系の東漢大費直《やまとのあやのおおあたい》らがあたり（元興寺露盤の銘、『元興寺伽藍縁起并流記資財帳』所収）、その丈六の仏像も多須奈《たすな》の子である鳥がつくっている（『日本書紀』推古天皇十三年の条）。

やがて善信尼が百済から帰ってくると、十数人の人びとが得度するが、それは百済媛妙光、漢人善聡など、そのほとんどが漢関係の人々であった（『日本書紀』崇峻天皇三年の条）。

推古天皇三十年に、天寿国繡帳の画を描いたのも先にのべたように東漢末《ま》賢《けん》・漢奴《ぬ》加《か》己《こ》利《り》・高麗加《か》西《せ》溢《い》であり、その「令者」は新羅系の秦久《く》麻《ま》であった（『上宮聖徳法王帝説』）。舒明天皇十一年（六三九）の百済大寺の造営にあたって、工事の指揮をしたのも東漢書直《ふみのあたい》県《あがた》であった。さらに皇極天皇三年（六四四）の桙削《ほこぬき》寺の建立には、東漢の一族である長直《おさのあたい》が関係しており、白雉元年（六五〇）には漢《あや》氏の漢山口直大口が仏像をつくったという（以上『日本書紀』の「舒明・皇極・孝徳各天皇紀」）。この漢山口直大口のことは、法隆寺金堂の広目天像の光背銘にも「山口大口費」とみえている。

大仏建立のリーダー

ここで『帰化人』の冒頭にふれた東大寺大仏造立の技術者のリーダー、国中連公麻呂《くになかのむらじきみまろ》を改めて想起する。天平十二年（七四〇）の八月二十九日、参議藤原宇合《うまかい》の息子であって、大宰府の次官で大弐のつぎの少弐であった藤原広嗣が、政治の得失を論じ、天地の災いを述べて政界に重きをなしていた僧玄昉《げんぼう》・吉備真備《きびのまきび》を弾劾する上表文を朝廷に提出した。同年八月二十九日に朝廷に言上、時の政府はこれを「謀反」と断定して、大野東人《おおのあづまひと》を大将軍に総勢一万七千人を動員した。九月二十四日から広嗣らの軍との戦いがはじまり、十月二十三日に肥前の値嘉嶋で広嗣は逮捕、十月二十六日には聖武天皇はにわかに東国行幸の勅をだし、十一月一日に肥前の松浦郡で広嗣・綱手兄弟を処刑した。

　そして十二月十六日、聖武天皇は伊勢から南山背の恭仁（京都木津川市）に入り、あわただしく恭仁京の造営を進めた。そのような六七二年の壬申の乱以来の大事変、広嗣の反乱を経ての天平十五年十月十五日の毘《び》盧《る》舎《しゃ》那大仏建立の詔であった。その詔には、

「朕薄徳《われはくとく》を以《もち》て恭《ゐやゐや》しく大位《たいゐ》を承《う》け、志《こころざし》兼済《けむさい》に存《そん》して勤《つと》めて人物《じんぶつ》を撫《な》づ。率土《そつと》の浜《はま》已《すで》に仁恕《じんじょ》に霑《うるほ》ふと雖《いへど》も、普天《ふてん》の下《もと》法恩《ほふおん》洽《あまね》くあらず。誠《まこと》に三宝《さむほう》（仏・法・僧）の威霊《ゐりやう》に頼《よ》りて乾坤《けんこん》（天地）相《あ》ひ泰《ゆた》かにし、万代《ばんだい》の福業《ふくげふ》（万代までのすぐれた事業）を脩《をさ》めて動植《どうしょく》咸《ことごと》く栄《さか》えむとす。粤《ここ》に天平《てんひやう》十五年歳癸未《ほしみづのとひつじ》に次《やど》る十月十五日を以《もち》て菩薩《ぼさち》の大願《だいぐわん》を発《おこ》して、盧舎那仏《るしやなぶつ》の金銅《こむどう》像《ざう》一軀を造《つく》り奉《まつ》る。国《くに》の銅《あかがね》を尽《つく》して象《かたち》を鎔《い》、大山《たいさん》を削《けづ》りて堂《だう》を構《かま》へ、広《ひろ》く法界《ほふかい》に及《およぼ》して朕《わ》が智《ち》識《しき》（教文を説き仏道に導く協力者）とす。遂《つひ》に同《おな》じく利益《りやく》を蒙《かがふ》りて共《とも》に菩提《ぼだい》を致《いた》さしめむ。夫《そ》れ、天下《あめのした》の富《とみ》を有《たも》つは朕《われ》なり。天下《あめのした》の勢《いきほひ》を有《たも》つは朕《われ》なり。この富《とみ》と勢《いきほひ》とを以《もち》てこの尊《たふと》き像《ざう》を造《つく》らむ。事成《ことな》り易《やす》く、心至《こころいた》り難《がた》し。但恐《ただおそ》るらくは、徒《ただ》に人《ひと》を労《つから》すことのみ有りて能《よ》く聖《しやう》に感《かま》くること無く、或《ある》は誹謗《ひばう》を生《おこ》して反《かへ》りて罪辜《ざいこ》に堕《おと》さむことを。是《こ》の故《ゆゑ》に智識《ちしき》に預《あづ》かる者《ひと》は懇《ねもころ》に至《いた》れる誠《まこと》を発《おこ》し、各《おのおの》介《おほき》なる福《さきはひ》を招《まね》きて、日毎《ひごと》に三たび盧舎那仏《るしやなぶつ》を拝《をろが》むべし。自《みづか》ら念《おもひ》を存《そん》して各《おのおのる》盧舎那仏《しやなぶつ》を造《つく》るべし。如《も》し更《さら》に人《ひと》有りて一枝の草《くさ》一把の土《ひぢ》を持《も》ちて像《ざう》を助《たす》け造《つく》らむと情《こころ》に願《ねが》はば、

恣《ほしきまま》に聴《ゆる》せ。国郡《こくぐん》等の司《つかさ》、この事《こと》に因《よ》りて百姓《はくせい》を侵《をか》し擾《みだ》し、強《し》ひて収《をさ》め斂《あつ》めしむること莫《なか》れ。遐邇《かじ》（遠い・近いところすなわち全国）に布《ふ》れ告《つ》げて朕《わ》が意《こころ》を知《し》らしめよ」とのべられていた。

その決意と配慮にはなみなみならぬものがあった。華厳経では蓮華蔵世界の教主とあおぐ毘盧舎那大仏、高さ五丈三尺五寸、顔の長さ一丈六尺、眉の長さ五尺四寸五分、目の長さ三尺七寸、耳の長さ八尺五寸、鼻の高さ一尺六寸、中指の長さでさえ五尺もあったという大仏の造立である。

その作業は難事業であった。四十八年前（一九六五年）に書いた『帰化人』の一節を、少し長くなるが引用しておこう。

「七四五（天平十七）年の八月から、本格的に仏像の製作がはじめられ、翌々年の九月には、その鋳造が開始された。高さ五丈三尺五寸の金銅像を造顕するためには、前にもすこしふれたように非凡な技術のうらづけを必要とした。七四九（天平勝宝元）年の十月、いちおうの鋳造がなるまで、工人たちの心血をそそいだ労苦が結集された。

だが、大仏開眼の盛儀の前提に、仏師らの労苦があり、人民の血のにじむ力役のあったことを、はたして参列者の幾人が想起したことであろうか。政争の渦のなかに、黙々として製作にいそしんだ工人たちのほとばしる心血の結晶が、大仏の無辺の眼の、その奥の底にひそんでいることを、いったいどれだけの人々がしみじみと感得したことであろうか。

本書の冒頭を、大仏開眼をめぐる問題から書きはじめたのはほかでもない。この大仏鋳造には、渡来系技術者の技術の粋があつめられていたからであるし、開眼供養の盛儀には、渡来系集団のつくりあげてきた成果が、みいだされるからである。古代文化のピークをかたちづくる天平文化、その背後にわが国土に渡来してきた人々の歩みと、その注目すべきみのりが示現されていたことを、まずはっきりと見定めておきたいのである。

開眼の日を、なみいる文武百官よりも、そしてまた内外の僧侶よりも、ひたすらに待望していた人物のひとりに、国公麻呂《くにのきみまろ》という人があった。

彼の祖父は百済の官人で、徳率《とくそつ》（第四位）であった国骨富《こくこつぷ》である。この国骨富という人は、六六三（天智称制二）年、百済が唐・新羅の連合軍によって敗北を喫したころに、わが国に渡来してきた。その孫がほかならぬ国公麻呂である。後に国中連《くになかのむらじ》公麻呂を名のり、公万呂とも自署している人物である。

この公万呂こそは、大仏建立の現場におけるもっとも有力な指導者であった。彼の名が記録にみえるようになるのは、七四五（天平十七）年の四月二十五日以後である。すでにその日までに、彼は正七位下の位に任じられていたが、大仏の製作が本格的にはじまる天平十七年に、画師《えし》楯部《たてべ》弁麻呂らとともに叙位されている。彼はその年に、正七位下から一躍して外従五位下へと特進された。彼の仏像製作における技量がしだいに認められてきたのであろう。翌年には、大和の金光明寺（東大寺）造仏司としてその名を記録のうえにとどめているが、七四七（天平十九）年の正月には、金光明寺の不空羂索観音《ふくうけんじゃくかんのん》像の光背をつくるための鉄材の請願書を出している。彼が仏像製作の中心的人物として活躍していたことは、これをみても明らかである。

東大寺大仏の設計準備がはかどるにつれて、彼はその鋳造における現場の指導者として登場するようになる。造仏長官をへて、七四八（天平二十）年の二月には、従五位下となり、翌年の四月、大仏前殿に行幸のあった日には、従五位上となった。その五月のころには長官大夫となっていた。その年の十月に鋳造が完了した点からみても、彼の叙位が、その労苦に報いんとしたものであったことが推定できるのである。

それは大仏殿碑文の筆頭に「大仏師従四位下国公麻呂」とみえ、また天台宗の学僧皇円があらわした『扶桑略記』にもそのようにしるされているところにも明らかである。『続日本紀』によると、七五八（天平宝字二）年、その居住地であった大和国葛下郡国中村にちなんで、国《くに》中連《なかのむらじ》を賜与されることになったというが、その後も、彼は法華寺内の阿弥陀浄土院の造営にもたずさわり、造東大寺司次官にも任じられて活躍した。七六七（神護景雲元）年には従四位下となり、やがて退官した。そして七七四（宝亀五）年の十月に、従四位下を最後にこの世を去ったのである。

彼のこうした経歴にも、造仏指導者としての面目の躍如たるものがあり、大仏の偉容の背後に、彼に代表されるような渡来系集団の技術の成果の発揮されたことをはっきりと読みとることができる。じっさいに、大仏建立の過程には多数の渡来系の人々が参加していたのである。古代文化の創造に寄与した「渡来人」の活動は、この国公万呂の行動にみられるように、われわれの想像以上に大きいものがある（若干用語修正）。」

いまはかつての著書『帰化人』の一部を引用したにすぎないが、いかに日本の仏教文化に渡来人とその集団が大きく寄与したかは、国中連公麻呂の活躍をみてもわかる。

天平の高僧

天平二十一年（七四九）二月二十二日、陸奥国から陸奥守百済王敬福が黄金が献上されたという慶事にちなんで、時の朝廷は畿内七道の諸社に幣帛《みてぐら》を供進して、その旨を報告したが、それより二十日前の二月二日、大僧正行基和尚がついに享年八十二歳でこの世を去った。

天平の高僧行基上人も、父の高志才智《こしのさいち》、母の蜂田古爾比売《はちだのこにひめ》、両親ともに百済系の渡来人であり、その仏教史における業績は偉大であった。

行基像（唐招提寺蔵）

行基は天智天皇七年（六六八）に大鳥郡の地に誕生して「利他行《りたぎょう》」を実践し、「時の人」に「行基菩薩《ぼさつ》」とあおがれた大僧正であった。教学ばかりではない。「経世済民」の実行者であって、日本仏教史にも名をとどめる聖僧であり、律令国家の支配のなかの矛盾を、たくましくも生きぬいた高僧であった。大鳥郡に誕生した大《だい》先達《せんだつ》であった。

俗姓は高志《こし》氏で高志才智《さいち》の長子として出生し

た。母は蜂田古爾比売《はちだこにひめ》であり、古爾比売は大鳥郡の蜂田首虎身《おびととらみ》の長女であった。「大僧正舎利《しゃり》瓶記《へいき》」（行基墓誌銅板）には、高志氏について「本は、百済王子王爾《わに》の後に出づ」と明記する。いうところの「王爾」とは百済の王仁《わに》であって、書《ふみの》（文）首《おびと》の祖と伝えられる。

行基の母の蜂田古爾比売、その父の蜂田首虎身の蜂田氏も百済系の渡来氏族である。それは『続日本後紀《しょくにほんこうき》』の承和元年（八三四）六月の条に蜂田薬師《くすし》文主《ふみぬし》らの祖を百済人としるすばかりでなく、『日本霊異記《にほんりょういき》』（中巻）に、行基の母を「大鳥郡人、蜂田薬師」とし、『新撰姓氏録』の「和泉国諸蕃」にも蜂田薬師を記載するのをみてもわかる。『新撰姓氏録』の「和泉国神別」に蜂田連がみえる。そこで蜂田首を非渡来系とみなす説もあるが、本来諸蕃であった蜂田氏が神別を称した可能性もある。蜂田氏の本拠は、大鳥郡蜂田郷（堺市八田寺町周辺）にあって、式内社の蜂田神社が鎮座する。そして、この八田寺町の西北に家原寺《えばらでら》町がある。家原寺が建立されたのは慶雲元年（七〇四）であった。家原寺は行基の母の出身地に造営されたといってよい。

いま改めて、行基の出自をかえりみてきたのには、それなりの理由がある。行基は道場（院）の設立の他、架橋、直道、池、溝、樋、船息《ふなすえ》（港津の泊）、堀川など、数多くの土木事業にとりくんだが、行基の信奉者グループのなかには、渡来系の技術者が参加していたからである。そのような行基とのつながりをたんなる偶然とみなすことはできない。

「壬午之歳《みずのえうま》」（六八二）に出家した行基は二十四歳のおりに具足受戒《ぐそくじゅかい》したと『行基菩薩伝』にしるす。持統天皇五年（六九一）のころであった。そして『行基菩薩伝』はその後の行基について「初めて法興寺（飛鳥寺）に住む。次に薬師寺に移る。法相大宗を学ぶ」と物語る。「法相大宗」とは法相宗のことで、法相宗を日本へ伝えたのは道昭であった。道昭は白雉四年（六五三）五月に出発した遣唐使に留学僧として随行し、斉明天皇六年（六六〇）か、その翌年に帰国している。文武天皇四年（七〇〇）三月十日、道昭は七十二歳で他界したが、『続日本紀』の卒伝には、道昭は帰国後、元興寺の東南隅に禅院を建てて住し、「天下行業の徒、和尚に従ひて禅を学ぶ」とのべる。

道昭と行基との師弟関係を実証する史料はないが、「行基は道昭と飛鳥寺で会った」とみなす見解もある。たしかに「天下に周遊して、路傍に井を穿《うが》ち、諸《もろもろ》の津の済《わたり》の処は船を儲《もう》けて橋を造る」（『続日本紀』）という道昭の実践は、行基の行動の先例といってよい。道昭の思想と行動が、のちの行基の行動のモデルとなって、その質と内容を高めた。道昭は船史《ふねのふひと》（のちに連《むらじ》）恵《え》釈《さか》（恵尺とも書く）の子であって、やはり百済系渡来氏族の出身であった。道昭の土木事業にも渡来集団の技能が活用されたにちがいない。

『行基年譜』には三十七歳にいたるまで「山林に棲息」したと記載し、『行基菩薩伝』もまた慶雲元年（七〇四）のころまで「山林に棲息」したと記述する。その行基が山林修行の生活から「利他行」の実践にはいっていったのはいったいどうしてか。その点については、「道昭の将来した三階教の教籍を読閲し、影響されるところがあった」とし、「慶雲元年以後、行基は思索と試行をくり返しつつ大乗の菩薩として自戒を固めつつあった」とする説は示唆にとむ。

利他行への弾圧

山林修行から転じて聚落に活動の場を求めた行基の宗教活動は、やがて迫害をうけることになる。霊亀三年（七一七）四月二十三日の詔は三項目におよぶが、その第二項は「凡そ僧尼は寺家《じけ》に寂居して教へを受け道を伝ふ、令《りよう》に准ずるに云く、それ乞食《こつじき》することあらば、三鋼《さんごう》連署して午前に鉢を捧げ告げ乞へ、此《これ》に因《よ》りて更に余物を乞ふことを得ざれ、方今《まさにいま》、小僧《しようそう》行基幷びに弟子ら、街衢《ちまた》に零畳《りようじよう》して妄《みだ》りに罪福を説き、朋党を合はせ構へ、指臂《しひ》を焚《や》き剝《は》ぎ、歴門に仮説して強ひて余物を乞ひ、詐《いつわ》りて聖道《しようどう》と称し、百姓を妖惑《ようわく》す、道俗は擾乱《じようらん》し、四民は業を棄つ、進みては釈教に違ひ、退きては法令を犯す」とするものであった（『続日本紀』）。当時五十歳であった行基を「小僧行基」と批判し、その弟子らと「朋党」を合わせかまえて、⑴街衢で妄りに罪福を説き、⑵指臂を焚き剝ぎ、⑶家々を歴訪して余物を乞い、聖道と称して百姓を妖惑することなどが、「僧尼令」に違反する行為として弾圧されたのである。

養老六年（七二二）七月十日の太政官の上奏には、「近ごろ在京の僧尼は浅識軽智を以て罪福の因果を巧説し、戒律を練らずして都裏《とり》の衆庶《もろもろ》を詐《いつわ》り誘《あざむ》く、内は聖教《しようきよう》を黷《けが》し、外は皇猷《こうゆう》を虧《か》きて、遂に人の妻子をして剃髪刻膚《ていはつこくふ》せしめ、ややもすれば仏法と称して、輙《たや》すく、室家《しちけ》を離れしむ、綱紀を懲ること無く、親夫《しんぷ》を顧みず、或は経を負ひ鉢を捧げて食を街衢の間に乞ひ、或は偽りて邪説を誦へ、村邑《そんゆう》の中に寄落し、聚宿することを常となし、妖訛《ようか》群を成す、初めは修道に似て、終には姧乱《けんらん》を挟めり、永くその弊をおもふに、特に禁断すべし」とあって、僧尼の非行が強くいましめられている（『続日本紀』）。この太政官奏には行基とその弟子の名こそみえないが、すでに多くの人びとがのべているように、行基の宗教運動もまたその対象にされたものと考えてよいであろう。

養老七年（七二三）四月八日には、有名ないわゆる「三世一身法」が公布された。すなわち「新たに溝池を造り、開墾を営む者あらば、多少を限らず給して三世に伝へしめむ。若し旧溝池を逐《お》はば其の一身に給せむ」との「公地公民制」の修正法（「格」）がそれである。その翌年から行基をリーダーとする池溝開発がはじまる。

行基の活動はあらたな形態へと展開するが（池溝開発など）、「三世一身法」をうけとめての行為であったとみなす説（榮原永遠男「行基と三世一身法」『赤松俊秀教授退官記念国史論集』所収、記念事業会）には説得力がある。

大仏建立の大勧進

行基が池溝開発にとりくむようになる神亀元年（七二四）は、聖武天皇の即位の年であった。同年二月四日、皇位は元正天皇から首皇太子《おびと》に譲られて聖武天皇が即位した。その即位の宣命のなかで、わざわざ「官々《つかさつかさ》に仕へ奉る韓人部《からひとども》一人二人にその負て仕へ奉るべき姓名《かばね》を賜ふ」と特筆されている。そしてじっさいに同年の五月十三日には、従五位上薩妙観《さちのみょうかん》に河上忌寸《かわかみいみき》を賜うほか総数二十四人の渡来系の人びとにあらたな氏姓を与えている。天平十五年（七四三）の十月十五日、聖武天皇は盧舎那《るしゃな》大仏の造立の詔を公布したが、「夫《そ》れ天下の富を有《たも》つ者は朕なり。天下の勢を有つ者も朕なり」と宣言して、大仏の建立に着手した聖武天皇が、その新政のスタートにおいて渡来系の人びとを重視していたことは注目にあたいする。

その聖武新政の年から行基は「利他行」としての池溝開発などにとりくむのである。時の政府の志向と一致する方途をみいだした行基にたいする権力の姿勢は、天平年間にいたってしだいに緩和のきざしをみせる。天平三年（七三一）八月七日の詔には「このごろ、行基法師に随《ずい》逐《ちく》する優婆塞《うばそく》・優婆夷《うばい》らの法の如く脩行する者の、男の年六十一已上、女の年五十五以上は、咸《ことごと》く入道を聴《ゆる》せ」とするようになる。そこにはねばり強い行基の宗教運動の展開があり、内外の政情の変化もあったが、しかしなお「自余の鉢を行路に持する者をば、所由の司《つかさ》に仰《おお》せて厳かに捉搦《そくだく》を加へよ」とする禁令が併記されていたことは軽視できない。

天平十年（七三八）のころに成立した『大宝令』の注釈書ともいうべき『古記』には、行基は「精進練行」の「行基大徳」と記述されているが、天平十二年（七四〇）の藤原広嗣《ひろつぐ》の乱を契機として、朝廷は平城京から都を南山城の恭仁《くに》京に遷《うつ》すことになる。恭仁京造営は同年末から開始されたが、『続日本紀』には恭仁京の造営に徴発した役夫にかんしてつぎのような記事がある。天平十三年九月九日の条に「造営に供せむがために、大養徳《やまと》（大和）、河内、摂津、山背《やましろ》四国の役夫五千五百人を差発す」とのべるのがそれであり、ついで同年十月十六日の条に「賀世山《かせやま》の東河に橋を造らしむ。七月より始て、今月に至りて乃《すなわ》ち成る。畿内及び諸国の優婆《うば》塞《そく》らを召して之を役す。成るに随ひて得度《とくど》せしむること、惣《すべ》て七百五十人」と記載するのがそれである。とくに後者の架橋工事にたずさわった畿内および諸国の優婆塞らの中心をなすのは、行基に「随逐」する集団の人びとであったと思われる。

天平三年の八月七日の詔にいう「行基法師に随逐《ずいちく》する優婆塞・優婆夷ら」がどのような人びとであったか、これを詳細に記録した史料はないけれども、在俗の僧尼ともいうべき優婆塞・優婆夷たちの数がきわて多数であったことは、『続日本紀』の行基「卒伝」に「既にして都鄙《とひ》に周游《しゅうゆう》して、衆生《しゅじょう》を教化す。道俗化を慕ひて追従する者、ややもすれば千を以て数ふ。行く処和尚の来ることを聞けば、巷に居る人なく、争ひ来りて礼拝す。器に随ひて誘導し、咸く善に趣《おもむ》かしむ」と記載するのをみても推察できる。

そしてその信奉者には『日本霊異記』（中巻）に記述する和泉郡の郡大領血沼《ちぬ》（珍）県主倭麻《やまとま》呂《ろ》や、「瑜伽師地《ゆかしち》論」にみえる和泉監郡大領勲十二等の日下部《くさかべ》首麻呂《まろ》のような在地の豪族がおり、有力農民や渡来系の人びとがいた。大野寺（堺市土塔《どとう》町）は神亀四年（七二七）に行基が建立した寺だが（『行基年譜』）、その土塔の隣接地から「神亀四年」の紀年銘のある軒丸瓦《のきまるがわら》が出土して注目されている。その創建年を傍証する貴重な資料であった。土塔の完成は行基没後の宝亀元年（七七〇）から後のころと考えられるが、行基が大野寺の創建に着手した時期には土塔建立の計画はあったと推定するほうが適切であろう。そしてその土塔からヘラ書きの人名ある瓦が百四十例ばかりみつかっている。僧侶名のほか、百済・土師《はじ》・高志・丹比《たじひ》・大伴・忍海《おしみ》などの氏姓名、あるいは東人《あずまんど》・平女《ひらめ》など無姓の名を書く。そのなかに百済があり、また行基にゆかりの深い高志や土師などがみえるのも興味深い。それらの人名・僧侶名は、瓦の寄進者か土塔造営の関係者であって、行基のもとの「知識結《ちしきゆい》」（同行同信の信仰的集団）をうかがうのに参考となる。神戸市東灘区深江北町遺跡で、木簡二十八点が出土したが、そのうちの二点に、この地域の民衆が天平十九年（七四七）の八月、大仏の建立に寄進したことを物語る文字がしるされていたのも参考となる。

養老元年（七一七）四月の詔で「小僧行基」として、「僧尼令」をたてに弾圧された行基は、天平十年（七三八）のころには、「行基大徳」とあがめられた。天平十五年（七四三）の五月二十七日に「墾田永年私財法《こんでんえいねんしざいほう》」の発布、ついで十月十三日に盧舎那大仏造立の詔がだされたのをうけて、同月十九日、聖武天皇は紫香楽宮《しがらき》で、大仏を造顕するための寺地をひらく。そのおりから「行基法師、弟子らを率ゐて衆庶《もろもろ》を勧誘」することになる（『続日本紀』）。まさに聖武天皇を発願の願主とし、知識物を寄進する知識結の頭主としての行基の登場といってよい。そしてついに天平十七年（七四五）の正月二十一日には、僧界最高の大僧正《だいそうじょう》に任命されたのである。その高僧がついにこの世を去ったのが、東大寺大仏ができあがり、塗金のめあてが全くたっていなかった時であった。

黄金がみつかった吉報を行基上人がどのようにうけとめたか。その歓喜は多大であったにちがいない。なお延暦二年（七八三）に得度し、翌々年東大寺で具足戒を受けた最澄の父も百済系の三津首百枝《みつのおびとももえ》であった。最澄はその後比叡に入って十二年間にわたって勤行を重ねて思索を練り、延暦二十三年（八〇四）には遣唐留学僧として入唐、翌年帰国して天台宗を開くことを勅許された。日本における天台宗の開祖である最澄すなわち伝教大師もまた渡来系の血脈につながっていたことはみのがせない。

第四章　アメノヒボコの伝承

Ⅰ　『記』・『紀』の伝承の差異

アメノヒボコの渡来

『古事記』・『日本書紀』をはじめとする日本の古典には、数多くの渡来伝来が収められている。そのなかでも、もっとも代表的なのは新羅の王子とするアメノヒボコ（『記』は天之日矛、『紀』・『播磨国風土記』などは天日槍・天日桙、『古語拾遺』は海檜槍と書く）の渡来伝承である。この章ではアメノヒボコの渡来をめぐる諸問題を解明することにしよう。

アメノヒボコの伝承は日本の古典には、かなりたくさん見えている。和銅五年（七一二）の正月二十八日に完成した『古事記』、正しくは「ふることぶみ」と読むべきだが、その中にも見えている。また養老四年（七二〇）の五月二十一日に最終的に完成した『日本書紀』にも記載されている。さらに『播磨国風土記』をはじめとする風土記の中にも関係伝承があるし、『新撰姓氏録』にもしるされている。『新撰姓氏録』はたいていの辞書には弘仁五年（八一四）成立と書いてあるが、正確には弘仁六年（八一五）に、いわゆる五畿内、大和、河内、摂津、和泉、山城の五か国の一一八二の氏族の系譜をまとめたものである。その中にもアメノヒボコの伝承がある。従来のアメノヒボコ研究であまり重視されていないが、大同二年（八〇七）斎《いん》部《べ》広成《ひろなり》が編纂した『古語拾遺《こごしゅうい》』の中にもある。

それらの伝承の内容にはかなりの差異がある。アメノヒボコにまつわる神話あるいは説話の伝承は、それぞれによって内容が異なっている。たとえば『古事記』と『日本書紀』の伝承を比較してみると、まず第一に『古事記』では応神天皇の代に新羅の王子、国主の子アメノヒボコが渡って来たとある。ところが『日本書紀』では、それより四代前の垂仁天皇の代に渡って来たとのべる。このように渡来してきた時期がかなり違う。

渡来の時期が、『古事記』じたいの中で矛盾していることは、『古事記』が応神天皇条でアメノヒボコの子孫の系譜を記述して、天之日矛→多遅摩《たじま》（但馬）母呂須玖《もろすく》→多遅摩斐泥《ひね》→多遅摩比那良岐《ひならき》→多遅摩毛理《もり》とするのにも明らかである。なぜならアメノヒボコの四代目にあたる多遅摩毛理は、『古事記』によれば、天之日矛よりはるか以前の垂仁朝に常世国へおもむいた人物として描かれているからである。

ツヌガアラシト伝承との比較

第二に『古事記』のアメノヒボコの渡来伝承と『日本書紀』垂仁天皇二年是歳の条の「一《ある》に云はく」に伝えるツヌガアラシトの渡来伝承との間には、相違するところと、共通する点がある。参考のために両書の伝承の概略を紹介しておこう。

『古事記』のアメノヒボコの伝承では、大要つぎの説話をのせる。新羅の阿具沼のほとりで「賤しき女」が昼寝をしていたところ太陽が虹のように輝いて陰上に射し、その女は妊娠する。そのありさまを見守っていた「賤しき夫」は、女の生んだ赤玉を所望し、その赤玉をつつんでたえず腰につけていた。この男は耕人らの飲食を牛で運び、山谷のなかに入ったところ、新羅国主の王子天之日矛にあい、「牛を殺して食うならん」と日矛に疑われ、獄につながれようとした。そこで腰の赤玉を贈って許される。日矛がその赤玉を床の辺においたところ、美麗の乙女となった。日矛はその乙女を妻としたが、心おごって妻をののしったので、妻がひそかに逃げて難波へ来ったという。それが難波の比売碁曾《ひめこそ》社の神であると。

ここには『古事記』における渡来伝承の独自性がうかがえるのだが、『日本書紀』では、「意富加羅（大加耶）国の王子」とするツヌガアラシトの渡来譚としてつぎのように記載する。

ツヌガアラシトがその国（意富加羅）にあった時、黄牛《あめうし》に田器（農具）を背負わせて「田舎」へおもむいた。ところが黄牛の姿を見失った。すると一人の老夫が、あなたの求める黄牛はこの「郡家」のなかに入ったと告げ、「郡公らは、田器を背負わせているから、これは必ず牛を殺して食べようとするのであろう。もし尋ね主が求めるなら物で代償すればよいであろう」といって、殺して食べてしまったという。そして「牛の値は何物で得ようとするか」と問うたなら、財物ではなく、「郡内」の祭神を得ようと答えなさいと教えた。「郡公ら」がツヌガアラシトに「牛の値は何物で得ようと思うか」と問うたので、さきの老夫の言にしたがって、その祭神とする白い石をもらいうけた。その白い石（神石）を寝床のなかにおくと美麗の乙女に変化した。アラシトは、その乙女を妻にしようとしたところ、乙女は去った。「東の方に向った」というので、そのあとを尋ねて「日本国」へ渡来したと伝える。その乙女は難波の比売語曾《こそ》の社の神となり、また豊国（豊後）の比売語曾社の神になったとのべる。

『日本書紀』の叙述には「郡家」とか「日本国」とか、七世紀後半以後の表記で書かれているところがあり、また説話の内容も、『古事記』のアメノヒボコ渡来譚の内容とはかなり違っている。

しかし、ともに牛が登場し、神石（白石）や赤玉が乙女に変化し、その乙女が比売碁曾（比売語曾）の社の神となる由来は共通しているし、またその乙女を追って渡来する説話の構成も同じタイプに属する。

このアメノヒボコとツヌガアラシトとの説話でどちらがより本源的な伝承かといえば、それはアメノヒボコの渡来譚をのせる『古事記』のほうである。日光に感精して懐妊する赤玉神女誕生説話は、『古事記』にはっきりとしるされており、日光感精型、赤玉神女型の神話は、『三国史記』などにもみえており、このアメノヒボコと神女の伝承の直接のふるさとは、朝鮮半島にある。アメノヒボコに象徴される渡来集団のなかではぐくまれた説話であったことはほぼ間違いないであろう。

『古語拾遺』が天之日矛（天日槍）を「海檜槍」と表記するのも軽視できないが、私がかねがね疑問としてきたのは、アメノヒボコの伝承地が北九州から播磨、そして難波・近江・若狭というように分布するのに、中間とりわけ吉備にないことであった。慶應義塾大学の教授であった池田弥三郎氏と山陽放送学術文化財団の顧問をしていたおりに、総社市の福谷を訪れたことがある。そこにアメノヒボコの妻の阿加流比売《あかるひめ》とかかわりのある姫社《ひめこそ》神社が鎮座することをたしかめることができた。そのおりの感動はいまもあざやかに記憶している。当時総代をしておられた小幡家へうかがって、室町時代に姫社祭が行なわれていたことを物語る古文書があって、そのいわれの一端にふれることができた。なおアメノヒボコの従者として『日本書紀』の別伝（『一に云はく』）に「近江国の鏡村の谷の陶人《すえびと》」を記述しているのが注目される。須恵器の生産は五世紀のころからであり、アメノヒボコ伝承の時期を考える史料となる。

なお『日本書紀』のツヌガアラシトのツヌガが福井県敦賀の地名の由来となっているが、この「ツヌガ」は金官加羅の最高官位「角干」にもとづき、「斯等《しと》」は『日本書紀』の継体二十三年（五二九）三月の条に「任那国王」名として「阿利斯等《ありしと》」とみえ、また敏達天皇十二年（五八三）七月の条に「火葦北《ひのあしきた》国造阿利斯登」とするのが参考となろう。

そしてアメノヒボコの渡来以後の説話は、『古事記』には書いていないが、『日本書紀』の方には書いていている。すなわち垂仁天皇三年の三月の条に、「羽太《はぶと》の玉一箇・足高の玉一箇・鵜鹿《うか》鹿《か》の赤石の玉一箇・出石《いずし》の小刀（刀子）一口・出石の桙一枝・日鏡一面・熊の神籬一具、幷《あわ》せて七物」を持参し、「則ち但馬国に蔵《おさ》めて、常に神の物とす」とのべる、出石の清彦の「出石の刀子」の説話などがそれである。新羅の慶州天馬塚では五十九本、豊岡市城崎町二見町4号墳では九本、それから兵庫県朝来市和田山の城ノ山古墳からは九本の刀子がみつかっていることが注目される。『古事記』にも出石乙女の結婚の説話は書いてあるが、出石の清彦の説話などは書かれていない。『日本書紀』だけが書いている伝承である。

神宝の差異

さらにアメノヒボコが持って来た「宝物」の内容も『古事記』と『日本書紀』とでは大いに違う。比礼というのはまじないの布だが、比礼については『古事記』に書いている。浪振る比礼・浪切る比礼・風振る比礼・風切る比礼、四種類がそれである。ところが『日本書紀』の本文や、別伝には比礼の伝承は書いていない。共通しているのは、鏡、玉、あるいは矛、大刀、剣というように、祭りの器とそれに関連する武器が多いということもみのがすべきではない。『古事記』は八種としているが、『日本書紀』の本文は七種とする。『延喜式』は、平安時代前期、延長五年（九二七）に完成した五十巻の書物だが、それの巻九と巻十に当時の政府が公に認めていた神社が記載されている。『延喜式』に載ってる神社だから「式内社」という。出石神社はこの式内社で、しかも名神大社であった。但馬国の一の宮で、政府が重視した社でもあった。

そして八座の神を奉斎する。ところがこの八座の神という伝承は平安時代にできたのではない。『古事記』にはっきり書いてある。アメノヒボコは八種の神宝を持って渡来してきた。八世紀の初め天皇でいえば奈良に都を遷した元明《げんめい》天皇の代の和銅五年（七一二）にできたとする『古事記』に、「此は伊豆志の八前の大神なり」と明記している。つまり八世紀の初めには、出石神社の神々は八座の神々であったことがわかる。

2　アメノヒボコ集団

渡来のグループ

ところで私見はアメノヒボコをひとりの人物とは考えていない。アメノヒボコに象徴される渡来の集団と考えている。朝鮮半島南部の東側、この新羅の地域から倭国に渡って来た渡来集団の象徴がアメノヒボコの伝承であろう。たった一人で来たわけではない。

アメノヒボコの渡来集団に象徴される説話には、いろいろな要素が存在すると考えられるが、その多様性を指摘しただけでは具体性を持たない。私は前々からこのアメノヒボコ集団に象徴される伝承は鉄と須恵器の文化ではないか、と考えてきた。アメノヒボコゆかりの伝承地とされている播磨・近江、そして近江から但馬へ入ってくる途中の丹後（たとえば京丹後市の遠所遺跡）の製鉄遺跡、そして出石の入佐山《いりさやま》3号墳の副葬品のなかの砂鉄など、鉄の文化とのかかわりがある。その点についてはアメノヒボコに象徴される文化は弥生時代の銅剣、銅矛、銅鐸などの青銅器の文化の反映とする説がある。たとえば円山川の河口の豊岡市の気比という所から銅鐸が四個出土している。但馬の弥生時代についても注目すべき文化があるけれども、そういう青銅器の文化を象徴するものではないかという説がそれである。私はこの説とは違って、その背景には鉄と須恵器の文化があったと推定している。

第三はなぜ『古事記』が、タジマモリの常世の国行き、「非時《ときじく》の香《かぐ》の木《こ》の実《み》」を求めて行く説話を、垂仁天皇のところに収めているのか。但馬豊岡市三宅の中嶋神社の祭神はタジマモリとされているが、『古事記』・『日本書紀』ではともにタジマモリが垂仁天皇のときに常世の国へ「非時の香の木の実」を求めて行ったことを書いているわけである。これにはそれなりの理由が考えられる。垂仁天皇は、日本の大王や天皇で最も長生きをした王者として『古事記』や『日本書紀』が伝えている。『古事記』では垂仁天皇は百五十三歳までの長寿を生きたとするし、また『日本書紀』では百四十歳まで生存したとのべ、両書は共に長寿の王者であったと伝える。『古事記』・『日本書紀』の記述をみると、垂仁天皇の代の記事には不老長生の王者というイメージが強い。したがって不老長生の「非時の香の木の実」を求める説話を、ともに垂仁天皇のところに収めている、と考えられよう。

ところがタジマモリの説話の、「非時の香の木の実」を、ふつうは橘とみなされているが、持ち帰ったものとして、実は大事なことが『古事記』・『日本書紀』に書いてある。タジマモリは「非時の香の木の実」だけではなくて、八竿（矛）を持って帰って来たとされている。八は

「八本」という意味ではなく「たくさんの」という意味であるが、『古事記』・『日本書紀』では、アメノヒボコの子孫とされるタジマモリも「矛」を「非時の香の木の実」とともに持って帰って来ている、この点も注意しておく必要があろう。

そのタジマモリの子孫とするのが三宅連《みやけのむらじ》である。ところがこの三宅連というのはもとは三宅《みやけの》吉士《きし》であって、天武天皇十二年（六八三）の十月、三宅吉士が三宅連というふうに姓が変る。本来は三宅吉士であった。新羅の官位制の位十七の十四番目の位が「吉士」であったことも参考となろう。この「吉士」という日本の姓《かばね》の源流が、新羅の官位制の位と関連することは軽視できない。そして、三宅吉士は外交、あるいは航海でも活躍した氏族であって、その三宅の氏族の集団の一つの有力な拠点が但馬にあったことを推定することは可能である。その三宅の集団の祖先としてアメノヒボコが位置づけられているという点は、系譜そのなかみにちがいがあるけれども、『記』・『紀』両書に共通している。

第四はツヌガアラシトの説話では、『日本書紀』では「北ツ海より廻りて出雲国を経て」とみえる。

渡来のコース

ところがアメノヒボコが来たコースはこのツヌガアラシトとは全く違って、北九州から瀬戸内海、そして難波、さらに宇治、宇治から近江、近江から若狭、若狭から但馬へのルートで、最後にとどまったところが但馬の出石ということになっている。いわゆるヒメコソの伝承は佐賀県にも大分県にもある。『肥前国風土記』にも出てくるし、『筑紫国風土記』逸文にもみえている。『播磨国風土記』・『摂津国風土記』にも出てくる。しかし中間地域の伝承がない。これはおかしいと思っていたが、前述したように岡山県総社市の秦村《はたむら》の福谷《ふくたに》、姫社《ひめこそ》神社が鎮座していた。地名に秦がついているのもみのがせない。この地は高梁《たかはし》川の上流に位置する。それを加えるとヒメコソの分布は北九州から吉備国、そして播磨国というふうに瀬戸内海周辺に分布していることがわかる。

そして『日本書紀』によるとアメノヒボコは近江に入るのだが、近江にはアメノヒボコを祭神とする神社がかなりある。たとえば草津市の穴村《あなむら》、ここの土地では安羅（やすら）神社と伝えているが、これは安羅（あら）であろう。加耶国のなかにアラという地域もある。朝鮮半島の南部のアラという地名が、この神社の社名になっている。竜王町の鏡神社。この社は伝統ある古社で、祭神はやはりアメノヒボコ、そして竜王町の谷間に陶恵器の古窯跡群がある。アメノヒボコは近江若狭に立ち寄ったことになっているが、福井県三方《みかた》郡の須可麻《すかま》神社、御方《みかた》神社などもアメノヒボコを祭神にしている。

注意すべきは、前述したように『日本書紀』がアメノヒボコの供の人、従人について、近江国鏡村の谷の陶人と書いていることだ。この陶人はまぎれもなく須恵器の製作者集団のことである。須恵器生産のふるさとは朝鮮半島であって、五世紀のころから日本でも出土している。須恵器の技術者がアメノヒボコの供をしてるという伝承は重視すべき点である。須恵器生産と鉄の文化。したがってアメノヒボコ集団に象徴される文化というのは、銅剣・銅矛などの青銅の文化ではなくて、須恵器の時代と考えた方がいいのではないかと推定している。

『播磨国風土記』のアメノヒボコ

ところでアメノヒボコの渡来伝承には、在地の勢力との争いの伝えがあまりないが、『風土記』のなかではもっとも早く、霊亀三年（七一七）以前に成書化した『播磨国風土記』にはつぎのような注目すべき伝承がある。ついでながらにいえば和銅六年（七一三）五月二日の各国の国司・郡司や大宰府に対して命令されて上申された文書すなわち「解《げ》」が『風土記』のもとの姿で、『風土記』という書名は平安時代に入ってから使われるようになる。

『播磨国風土記』の揖保《いいぼ》郡揖保里粒丘《いいぼおか》の条には、アメノヒボコが「韓国《からくに》」より「渡来」して、「亭頭《てうず》の川底（揖保川の河口）」に渡り、宿を葦原志挙乎命《あしはらしこおのみこと》に乞うて「汝は国主たり、吾が宿らむ處を得まく欲れ」と願った。すると志挙乎命は、海中に宿ることを許し、「客神（天日槍）」剣をもって海水をかきわけて宿った。「主の神（葦原志挙乎命）」は「客神」のはげしい勇武のさまを知って、天日槍よりも先に国占めをしようとして粒丘に至って食事をした。そのおりに口から粒《いいぼ》が落ちたので、「粒丘と号《なづ》く」という地名起源説話の要素をもつ伝承を載せている。

『播磨国風土記』が「韓国」から「渡来」した「客神」としてアメノヒボコを位置づけているのは興味深いが、宍禾《しさわ》郡比治《ひじ》里奪谷《うばいたに》の条でも、アシハラシコオとアメノヒボコが谷を奪いあい、同郡柏野《かしわの》里伊奈加川《いなかかわ》の条でも両者が国占めを争ったことを記載する。

そして同郡御方《みかた》里の条では、両者が黒葛《つづら》三本を共に足につけて投げたところと、アシハラシコオの黒葛の一本は但馬の気多郡（城崎郡南部のあたり）に落ち、一本は夜夫《やぶ》（養父）郡に一本はこの村（御方里）に落ちた。ヒボコの黒葛は三本すべてが但馬の国に落ちた。そこでヒボコは伊都志《いづし》（出石）の地を占めたと物語る説話を載せている。

『日本書紀』の垂仁天皇三年三月の条に引用する「一に云《ある》はく」（別伝）でも「艇《はしぶね》に乗りて播磨国に泊《とま》りて、宍粟《しさわ》（宍禾）邑《むら》に在り」と記述しており、播磨の宍粟の地域がアメノヒボコ伝承で重視されていたことがわかる。

アシハラシコオについては、『古事記』は「大国主神《おおくにぬしのかみ》、亦《また》の名は大穴牟遅神《おおなむぢのかみ》といひ、亦の名は葦原色許男神《あしはらしこおのかみ》といひ、亦の名は八千矛神《やちほこのかみ》といひ、亦の名は宇都志国玉神《うつしくにたまのかみ》といひ、あはせて五つの名あり」とのべる。『日本書紀』には、ヤマタノオロチ退治の段の第六の一書のなかで「大国主神、亦の名は大物主神《おおものぬしのかみ》、亦は国作《くにつくりの》 大己貴命《おおなむちのみこと》と号《まお》す。亦は葦原醜男《あしはらしこお》と曰《まお》す。亦は八千矛《やちほこの》神《かみ》と曰す。亦は大国玉神《おおくにたまのかみ》と曰す。亦は顕国玉神《うつしくにたまのかみ》と曰す」と七つの神名をしるす。

大国主神の亦名《またな》が葦原色許男（葦原醜男）であったことがわかる。シコオとは勇猛な男を意味するが、播磨と出雲の関係は、たとえば揖保郡日下部《くさかべ》里立野の条に弩美《のみ》（野見）宿禰が出雲と大和を往来するさいには立野（龍野）の道を通って、この地で亡くなったとするばかりでなく、揖保郡上岡里の出雲の阿菩《あぼ》の大神・同郡広山里意此川《おしかわ》の出雲の御陰《みかげ》の大神・同郡枚方里の出雲大神、讃容《さよ》郡柏原《かしわら》里の出雲大神の伝承など、出雲の神々とのかかわりを物語るエピソードがかなりある。考古学的にも出雲式土器をはじめとする出雲系の遺物が数多く出土している。

『播磨国風土記』にアシハラシコオの神が登場するのもそれなりの理由があったとみなすべき

であろう。出雲系の文化が播磨の地域にも及んでいたからである。揖保郡日下部里立野《たちの》の条には、「出雲の国の人、来到《き》たりて、人衆を連ね立てて運び伝へ、川の礫《こいし》を上げて、墓（野見宿禰の墓）の山を作りき」とあるが、たんなる誇張とは思えない。竜野の西方の山地中腹に古墳群があって、そのなかの宿毛塚《すくも》が野見宿禰の墓と古老が話されていた。

神前郡《かんざき》聖岡《はにおか》里の条には大汝命《おおなむちのみこと》（大国主命）と少比古尼命《すくなひこねのみこと》が聖《はに》（赤土）をどちらが「屎下《くそま》らずして遠く行く」かの争いの説話がある。笑話的いろあいが濃厚であって、さまざまな『風土記』のなかの特色あるエピソードとしても注目にあたいする。ここでも出雲系の神々が登場する。播磨と出雲のゆかりは、播磨と出雲を結ぶ出雲街道があるように密接なつながりを古くから持ちつづけたといってよい。

アメノヒボコが播磨地域の神と争う伝えとしては、神前郡《かんざき》多駝《ただ》里粳岡《ぬかおか》の条が注目される。「伊和《いわ》大神と天日桙命の二神が、各《おのおの》、軍《いくさ》を発《おこ》して相戦ひましき」との記述がある。その時に、伊和の大神の軍衆が集って「稲を舂《つ》きき、その粳聚《あつ》まりて丘となる」という粳岡の地名起源説話ともなっているが、宍禾郡伊和《いわ》村（註に「本の名神酒《みわ》なり」とするす）の条に、伊和の大神が「酒《みわ》を此の村に醸《か》みましき、故《かれ》、神酒の村といふ」とあるように、播磨国一の宮で『延喜式』（巻第十）の播磨国宍粟郡の伊和坐大名持御魂《いわにますおおなもちみたま》神社（名神大社）の鎮座地がかつての伊和村である。

伊和の大神は在地の神であったが、大国主神の別名が「大己貴（大名持）」の神であったと伝えるごとく、出雲系と習合した「御魂神」であった。後深草天皇の代の建長元年（一二四九）四月、伊和神社の炎上によって、軒廊御《けんろうみ》卜《うら》がなされ、社殿が再興されている。『播磨国風土記』が「国作り訖《お》へまして以後《のち》、のりたまひし、「於和《おわ》、我が美岐《みき》（ひつぎ）に等《まも》らむ」とのりたひき」とのべるのも、伊和神社鎮座の由来として軽視できない。

天平五年（七三三）の『出雲国風土記』が意宇《おう》郡の条の冒頭に収める有名な国引き神話で、ヤツカミズオミズヌの神が、「意宇杜《おうのもり》に御杖《おつえ》を衝き立てて「意恵《おえ》」と詔りたまひき」とあるのが参考となろう。神が活動を終えて鎮座しようとするありようを示す古語であり、「美岐」（棺槨・ひつぎ）に入って守るという所伝も貴重である。

アメノヒボコの渡来伝承のなかには「客神」すなわちまろうど神として受容される側面とあわせて国占めを争う伝承もあったことを知っておく必要がある。

第五章　壁画古墳と渡来の氏族

Ⅰ　高松塚とキトラ古墳

壁画古墳の象徴

わが日本の壁画古墳といえば、なんといっても奈良県明日香村檜前《ひのくま》（檜隈）の高松塚古墳とキトラ古墳とを誰もが想起するに違いない。九州を中心に分布する装飾古墳のなかには、たとえば福岡県竹原古墳の玄室袖石に羽根をひろげた鳥が描かれたり、あるいは茨城県虎塚古墳のように連続三角文・同心円文・刀・靫《ゆぎ》・飾玉・鞆《とも》・矛《ほこ》などを描くものもある。

線刻を含む装飾古墳・壁画古墳の数は、福岡県六三・佐賀県一三・長崎県八・大分県二〇・熊本県一八〇・宮崎県四二・島根県六・鳥取県五一・岡山県四・香川県一・兵庫県三・大阪府二九・奈良県三・和歌山県一・愛知県一・福井県四・長野県一・静岡県三・山梨県一・神奈川

県四五・東京都一・埼玉県一・千葉県三二・茨城県二二・福島県二四・宮城県一八と全国にまたがっているが、あざやかに日・月・星宿図・四神（高松塚は朱雀《すざく》を欠く）などのほか、男性八名・女性八名の群像（高松塚）、獣頭人身の十二支像（キトラ古墳の北壁中央の子、時計廻りで丑そして東壁北寄りの寅・南壁の午・西壁の戌・北壁の亥の存在がたしかめられている。申《さる》像は赤色顔料残存）の高松塚古墳とキトラ古墳とは、古代日本のもっとも代表的な壁画古墳であるといっても過言ではない。

明日香村の檜前に立地する高松塚は、明日香村大字平田字高松四四四番地に存在する。この字高松という地名は、『元禄古図』が墳丘上に高い松を描いて、「御陵山高松塚」としるすとおり、高い松のある古墳に由来すると考えられる。元禄十年（一六九七）十二月十二日の実地検分によって、「文武天皇御陵」と考定されたが、安政二年（一八五五）の『安政古図』にも円墳の円丘左手に高い松が描かれているのが興味深い。なお安政の御陵改と文久の修陵によって檜隈安古上岡が文武天皇陵に治定されている。

大和飛鳥の遺跡保存に関する社会的関心がたかまるなかで、天武・持統天皇陵から中尾山古墳を経て文武天皇陵付近にいたる遊歩道計画が具体化してきた。そこで末永雅雄博士の指導のもと、まず昭和四十五年（一九七〇）の十月二十一日から二十四日まで墳丘の調査が行われ、墳丘の標高は一一三・五六メートル、直径約一八・五〇メートル、高さ約五メートルの円墳であることがたしかとなった。本格的な発掘調査は昭和四十七年の三月一日からはじまったが、三月二十一日には横口式石槨《せっかく》の石室内に壁画の存在が明らかとなった。

私が壁画古墳検出の報に接したのは、三月二十六日の午後四時頃であった。京都市北区紫野花ノ坊の宅の前に共同通信社のジープがとまっており、京大生と共に御所市内の古代史跡調査をおえて帰ったばかりなのに、明日香村檜前へと車で直行してほしいと要請された。そのおりの驚きは今もはっきりと覚えている。

長さ二・六六メートル、床幅一・〇四メートル、高さ一・一三メートル、石室の石の数は天井四・奥壁一・側壁各三・南壁一という小さな石室にあのように見事な壁画が描かれていたのである。

ややもすれば巨大古墳のみが注目されがちであった社会的風潮のなかで、中小古墳と雖《いえど》も、けっして軽視することができないことを示した警鐘でもあった。

その高松塚壁画古墳から南へ約一キロのキトラ古墳には、一九八三年玄武が描かれていることがわかったが、超小型カメラによる探査が実施されたのは、平成十年（一九九八）三月六日であった。朝日新聞大阪本社で探査による映像を確認し、結局青龍・白虎《びゃっこ》そして星宿図などが描かれていたことが明らかとなり、平成十三年三月には躍動するあざやかな朱雀の存在が確かめられた。ついで十二支像の存在も明らかとなった。

キトラ古墳も横口式石槨で、石室の長さ二・六六メートル、床幅一・〇〇メートル、高さ一・二〇メートル、円墳の高さは三・三〇メートル、直径は一三・八メートルであった。

築造の時期

墓室の構造は高松塚古墳よりもキトラ古墳の方が古く、薬師寺本尊台座の制作推定年代である持統天皇二年（六八八）以後の、七世紀後半とみなす説が有力である。高松塚古墳の築造年代は、高松塚古墳出土の須恵器が七世紀末葉であり、副葬品の海獣葡萄《ぶどう》鏡と同笵の鏡が、長安（西安市）の独孤思貞《どっこしてい》墓からみつかり、しかも独孤思貞墓の築造年代はその墓誌によって神功二年（六九八）であることが判明した。

したがって高松塚が築造されたのは七世紀の末葉から八世紀のはじめであり、海獣葡萄鏡が日本へもたらされた時期は、大宝二年（七〇二）の六月十八日に筑紫を出発して入唐《にっとう》した遣唐使が帰国した年のうちの慶雲元年（七〇四）七月の粟田真人《あわたのまひと》ら、遅くとも慶雲四年三月の巨勢《こせの》邑治《おおじ》らのおりと考えられる。

もっとも天智天皇八年（六六九）の入唐から大宝二年までの間は遣唐使の派遣は中止されていたが、新羅との交渉はさかんであって、文武天皇四年（七〇〇）あるいは大宝三年（七〇三）の新羅使や遣新羅使によって唐の海獣葡萄鏡がもたらされた可能性もある。

高松塚の副葬品のひとつであった海獣葡萄鏡の科学分析によって、成分比から確実に唐で作られた鏡であることが明確となったが、この鏡もまた高松塚築造年代をきめる有力なてがかりとなった。

2　檜前《ひのくま》と渡来の人びと

今来郡

キトラ古墳も高松塚古墳も、ともに明日香村の檜前（檜隈）にある。古代の檜隈の範囲については直木孝次郎・和田萃・加藤謙吉各氏らの研究によって、橿原市の五条野町から大軽町・見瀬町の一部に及ぶ地域であり、東限は明日香村の立部や上平田（平田の垣内の一）あたり、西限は高取川（檜隈川）の右岸で一部は真弓（檀弓）に及んでいたと考えられる。そして南限は高取町の土佐・子島・清水谷あたりの地域におよんだと思われる。

この檜隈の地に早くから渡来系の人々が居住していたことは、たとえば『日本書紀』の雄略天皇十四年三月の条に「呉人」を檜隈野に安置したのでその地を「呉原」と名づけたという記事や、『坂上系図』に引用する『新撰姓氏録』の逸文に、応神天皇の世に阿智王が「七姓の漢人等」を率いて「帰化」したとのべ「檜前調使主等の祖」や「檜前村主の祖」などに言及して、「阿智王を号《なづ》けて使主《おみ》となし、仍りて大和国檜前郡郷を賜ひて」居住したと記述するのにもうかがわれる。「呉人」の「呉」については百済と加耶（加羅）の境の求礼《くれ》とみなす説もあるが、「呉原」とするのは明日香村の栗原であり、「檜前郡郷」とは、『新撰姓氏録』逸文が「今来郡《いまきぐん》」、

『日本書紀』の欽明天皇七年七月の条が「今来郡」と書く高市郡、『和名類聚抄』に載す高市郡の「檜前郷」にほかならない。

高市郡が今来郡とも称されたのは、新しく朝鮮半島から渡来してきた人びとが多かったからである。その「今来」が古渡りに対する新来を意味したことは、『日本書紀』の雄略天皇七年是歳《このとし》の条に、百済から新しく渡来してきた技術者たちを「今来の才伎《てひと》」と表記しているのをみてもわかる。

南九州の隼人《はやと》においても、大王あるいは天皇に仕える隼人や隼人司に隷属する隼人に対して、おりおりに朝貢した隼人たちを「今来の隼人」と称したのも同様である。ちなみに隼人の朝貢が制度化したのは、和銅二年（七〇九）の十月からであり、六年を限って交替で貢上することを定めるようになったのは霊亀二年（七一六）の五月であった。

『日本書紀』が雄略天皇七年に渡来した、いまき（新）漢《あや》陶部高貴・鞍部堅貴・画部因斯羅《いんしら》我《が》・錦部定安那錦《ちょうあんなこん》・訳語《おさ》（通訳）卯安那《うあんな》らを、東漢直掬《やまとのあやのあたいつか》に命じて、高市郡の上桃原・下桃原・真神原《まかみのはら》に遷《うつ》し居らしめと記載するのもみのがせない。『坂上系図』に引く『新撰姓氏録』の逸文によれば阿智使主の子の都賀《つかの》（掬）使主《おみ》は雄略天皇の代に、使主を改めて直《あたい》姓を与えられたとしるす。『日本書紀』の東漢直掬はこの都賀使主である。

『日本書紀』の雄略天皇二年十月の条には明日香村檜隈居住の氏人として「史部《ふみひと》」の檜隈民《たみの》使博徳《つかいはかとこ》らの名がみえている。この民使博徳らは、阿智使主を祖と仰いだ氏族のひとつである民使主首らと同族で（『坂上系図』所引の『新撰姓氏録』逸文・『新撰姓氏録』山城諸蕃）、民使主氏のことは『続日本紀』の宝亀元年（七七〇）三月の条や『正倉院文書』の天平五年（七三三）・天平十一年など（『大日本古文書』一・二）にも記録されている。

東漢氏というのは単一の氏族で構成されていたのではなく、加耶・百済系（加耶の安羅《あら》のちに百済に属す）漢人氏族の総称であった。『坂上系図』所引の『新撰姓氏録』では、阿智王引率の「七姓漢人」だけで一四、さらに都賀掬使主の三子がそれぞれ兄腹・中腹・弟腹の祖となって六三氏に分かれる。その多くが、檜隈を中心に高市郡内に居住したのである。

3　東漢氏と坂上氏

坂上氏の系譜

有名な征夷大将軍坂上田村麻呂、その坂上氏は東漢氏の一族であり、父の坂上苅田麻呂《かりたまろ》が宝亀三年（七七二）の四月二十日に、つぎのように朝廷へ奏言したのも単なる誇張ではない。

正四位下近衛員外中将《このえのいんげのちゅうしょう》兼《かね》安芸守《あきのかみ》勲《くん》二等坂上大忌寸《おおいみき》苅田麻呂ら言《もう》さく、「檜隈《ひのくま》忌寸を大和国高市郡司《たけちのぐんじ》に任する元由《もとのよし》は、先祖《さきつおや》阿智《あち》使主、軽嶋豊明宮《かるしまのとよあかりのみや》に駅宇《あめのしたしらしめ》しし天皇の御世に十七県《あがた》の人夫《ひとども》を率《い》て帰化《まいおもむ》けり。詔《みことのり》して、高市郡檜前村を賜ひて居《お》らしめき。凡そ高市郡の内には、檜前忌寸と十七県の人夫地《ところ》に満ちて居り。他の姓の者は、十にして、一・二なり。是を以て、天平元年十一月十五日、従五位上民忌寸袁衣比《おしび》ら、その所由《よし》を申しき。天平三年、内蔵少属《うちのくらのしょうぞく》従八位上蔵垣《じゅうはちいうえくらかき》忌寸家麻呂《いえまろ》を少領に任しき。天平十一年家麻呂を大領に転《うつ》して、外従八位下蚊帳《かや》忌寸子虫を小領に任しき。神護元年、外正七位上文山口《ふみのやまぐち》忌寸公麻呂《きみまろ》を大領に任しき。今、此の人ら、郡司に任ぜらるること、必ずしも子孫に伝へざれども、三腹逓《さんふくたがい》に任せられて、今に四世なり」とまうす。

勅《みことのり》を奉《う》けたまはるに、「譜第《ふだい》を勘《かんが》ふること莫《な》く、郡司に任することを聴《ゆる》すべし」とのたまふ。

この奏言では、檜前忌寸の氏族を高市郡の郡司に任命すべきであることが、先祖の阿智使主以来の系譜にもとづいて主張されている。「檜前忌寸」とは東漢の支族のひとつで、天武天皇十四年（六八五）の六月八色《やくさ》の姓《かばね》のなかの忌寸姓を与えられて、檜隈の地を本拠とした氏族であった。応神天皇の代に、多数の「人夫」を率いて渡来し、高市郡の檜前の地に居住していた。「他姓の者は十にして一・二なり」というのはオーバーだが、高市郡が今来郡とよばれたとおりに渡来の人びとが多く居住し、河内（西）の漢氏に対して東（大和）側の漢氏の本貫となった地域であったことはたしかであった。

したがって天平元年（七二九）の十一月十五日は民忌寸袁志比がその由来を言上し、天平三年には蔵垣忌寸家麻呂が高市郡の郡少領に任命され、天平十一年には家麻呂が郡大領に、蚊屋忌寸子虫が郡少領に就任した。そして天平神護元年（七六五）には文山口忌寸公麻呂が郡大領となった。「今の世の中では郡司の任命は必ずしも郡司の子孫とは限らないけれども、三腹（兄腹・中腹・弟腹）のなかから任命され、すでに蔵垣忌寸家麻呂以降四世（四代）にわたって郡司になっている」と奏言したのである。

この奏言にもとづいて先に朝廷は高市郡については譜第（嫡々相続）でなくても、檜前忌寸の一族で、郡の大領・少領となることを認めることになる。

『日本書紀』には天武天皇六年（六七七）の六月、前にも言及したとおり天武天皇が東漢直らに詔して「汝等《いましら》が党族《やから》、本より七つの不可《あしきこと》を犯せり。」と記載されている。

ここにいう「七つの不可」の内容は、崇峻天皇五年（五九二）の十一月に東漢直駒が蘇我馬子の命をうけて、泊瀬部《はつせべ》大王（崇峻天皇）を暗殺したのをはじめとする王権への抵抗を指すと考えられる。実際に東漢氏らは軍事力を有して活躍し、朝廷への服属を象徴する楯伏舞をその支族の檜前忌寸《ひのくまのいみき》らが演じることにもなる。

4　清水寺と蝦夷征討

清水寺の大願主

京都観光の名所として有名なひとつが清水寺である。その清水寺の建立を発願した大願主が、前にのべた坂上田村麻呂であったことを知る人は少ない。

『清水寺縁起』などによれば、宝亀九年（七七八）賢心上人が東山で音羽の滝を見出し、そこへ老仙人が現われる。この仙人は観音菩薩の化身であることが判明したという。そこで賢心上人が千手観音をまつられたのが清水寺のはじまりと伝える。

その二年後、坂上田村麻呂の高子夫人が病いとなり、田村麻呂は夫人のために文字どおりの「薬狩り」にでかけ、賢心上人と出会って帰依することになった。そして清水寺の建立を発願、延暦十七年（七九八）に宝殿を建立し、高子夫人が大同二年（八〇七）に仏殿を造営した。今も開山堂に坂上田村麻呂と高子の座像がまつられているのも清水寺と坂上氏との深いえにしを象徴する。

田村麻呂と高子の間に生まれた春子は、桓武天皇の後宮に入り、葛井親王が誕生した。その葛井親王が承和十四年（八四七）に清水寺の三重塔を造立する。いかに清水寺と坂上氏とのつながりがあったかはこうした歴史をかえりみても明らかである。

蝦夷の抵抗

東北の蝦夷の抵抗は、律令政府による隼人鎮圧の後もねばり強くつづけられた。とりわけ宝亀元年には律令官制の末端に連なっていた蝦夷の宇屈波宇《うくつはう》らが同族を率いて「賊地（故郷）」に逃げ還り、朝廷は使を派遣して喚び戻そうとしたけれどもこれを拒否し、逆に東北経営のとりでである「職柵」を「必ず侵さむ」という失地回復の行動に起ちあがる。『続日本紀』の宝亀五年七月二十二日の条には「蠢《しゅん》たる彼の蝦夷、野心を悛《あらた》めず、しばしば辺境を侵す」とみえ、さらに同年七月二十五日の条には「海道の蝦夷、たちまちに徒衆を発して、橋を焚《や》き道を塞《ふさ》ぎ、既に往来を絶ち、桃生城を侵して、その西郭を敗る」という陸奥国の言上が記載されている。翌年十月十三日の出羽国の言上に「蝦夷の余燼《よじん》、猶《なお》いまだ平殄《へいてん》せず」とあって「かつは国府を遷さん」とあるように陸奥の国のみならず、蝦夷の抵抗は出羽の国へもひろがっていった。やっと鎮圧が功をはたして宝亀九年六月二十五日には論功行賞があった。そのメンバーのなかに蝦夷の実力者である外正六位上吉弥侯伊佐西古《きみこのいさせこ》・第二等伊治公呰麻呂《これはりのきみあざまろ》が入っているのをみのがせない。なお蝦夷征討に協力する蝦夷のリーダーもいたことを物語る。

『続日本紀』の宝亀十一年三月二十二日の条には、その呰麻呂が中心となって按察使《あぜち》参議紀朝臣広純《ひろずみ》を伊治城で殺害すると反乱の兵をあげた。養老四年（七二〇）に反乱の蝦夷が按察使上毛野広人《かみつけぬひろひと》を殺して以来の六十年ぶりの大事件であった。

蝦夷の反乱は光仁天皇が桓武天皇に譲位した理由のひとつでもあったが、延暦に入っても蝦夷の平定は成果をあげることはできなかった。延暦八年（七八九）七月十七日の「勅」（『続日本紀』）をみても明らかなように征夷大将紀朝臣古佐美《こさみ》らの征討は「新獲の賊首八十九級なるに、官軍の死千有余人」というありさまであった。

坂上田村麻呂の登場

田村麻呂が征夷に登場するのは延暦十一年七月十三日からである。大伴弟麻呂が征東大使となり、百済王俊哲・多治比《たじひ》浜成そしてかつて田村麻呂の父苅田麻呂が主鎮守府将軍になったが、坂上田村麻呂が副使として登場する。

百済王俊哲の祖父が百済王敬福で前にのべたように陸奥守であったし、同族の三忠・文鏡・武鎮があいついで出羽守として活躍したこともある。同年九月二十二日には百済王俊哲は下野守《しもつけぬのかみ》兼鎮守府将軍となった。そして延暦十二年二月十七日には征東使を征夷使に改め、同月二十一日のころには田村麻呂も征夷副使として実地におもむいたと考えられる（新野直吉『田村麻呂と阿弖流為』吉川弘文館）。

延暦十三年六月十三日には副将軍田村麻呂は「蝦夷を征す」とあり（『日本後紀』）、延暦十五年正月二十五日には田村麻呂は陸奥出羽按察使兼陸奥守となった（『日本逸史』）。そして延暦十六年十一月五日、田村麻呂は征夷大将軍に任命された（『日本紀略』）。田村麻呂は戦果をあげ蝦夷の首長阿弖流為《あてるい》と母礼《もれ》らを服属させて凱旋する。田村麻呂らは阿弖流為らの助命を嘆願、故郷に還して蝦夷経営に寄与させようとしたが、公卿たちは反対し、ついに河内で斬殺された。

平成六年（一九九四）の十一月六日、坂上氏ゆかりの清水寺に、阿弖流為・母礼の顕彰鎮魂の碑が建立されたのは「将帥《しょうすい》の量あり」と評された（『日本後紀』）田村麻呂のこころざしを現代に活かすこころみであった。

5　古墳壁画の背景

壁画の特色

キトラ古墳と高松塚古墳が、共に明日香村の檜前に存在することは、この二つの壁画古墳の立地の前提として注目する必要がある。そしてその居住のありようを物語る貴重な遺跡があいついでみつかっている。

檜前地域の南部、高取町の清水谷遺跡では大壁造建物・オンドル・韓式土器の三点セットをともなう、五世紀後半の渡来系の集落跡が発掘され、『日本書紀』にしるす雄略期の渡来人の居住伝承とも対応する。そしてまた近くのホラント遺跡からは石敷き・大壁造の七世紀後半の集落跡も検出されている。また真弓鑵子塚《まゆみかんすづか》古墳は六世紀中葉の二段築成の直径約二三メートルの円墳だが、その横穴式石室は一～三トンの約四百個の石をドーム状に積みあげた国内最大級の石室であることが判明した。玄室の床面積は約二八平方メートルで蘇我馬子の墓と推定されている石舞台古墳の約二六平方メートルよりは大きく、欽明天皇陵とみなされている丸山古墳の床面積約三四平方メートルにつぐ。この巨大な横穴式石室墳は東漢氏の墓とみなす説が有力である。

キトラ古墳の朱雀（模写）

キトラ古墳や高松塚の壁画はいったいどのようにして描かれ、またどのような画師たちによって描かれたのであろうか。

高松塚の横口式石槨の石室の高さは一・二三メートルであり、キトラ古墳の場合も約一・二〇メートルである。天井の星宿図や四神などを描く場合にも画師はかなり窮屈な姿勢で描かなければならない。すでに組みあげられている石室の中での現場の作業であった。被葬の棺《ひつぎ》を安置してから開口部の南壁を塞《ふさ》いだあと、墳丘の土盛りをしているから、南側の開口部から太陽の光が差し込んでいたとは思われるが、その時間にも限りがある。

高松塚古墳では朱雀は検出されなかったが、キトラ古墳では躍動する見事な朱雀が描かれていた。この朱雀は石槨の外に取り外されていた南壁に太陽の光のもとで描かれた可能性がある。描いてからその南壁で開口部を塞いだのであろう。

キトラ古墳や高松塚古墳の壁画は、画師のグループによって、天井および北壁・東壁・西壁をそれぞれに描き、キトラ古墳では南壁も担当したのではないかと推測される。それはたとえば「飛鳥美人」とよばれている高松塚の女人像の描き方が、西壁よりも東壁の方が筆遣いが精《せい》緻《ち》であり、ゆったり・伸び伸びと描かれているのに対して、西壁の女性像は輪郭の硬さが目立ち、筆遣いも粗いとみられている。東壁の男性像と西壁の男性像とを比較すると、東壁の男性像は頭をそろえる古風な手法で衣服のしわも複雑であるように、西壁のそれは四人がバラバラに配されて、衣服のしわも単調とみられている。

模本があり、型紙が使用された形跡もあるが、壁面の人物像に差異のあることは、同一の画師ではなく、別人の画師がそれぞれに担当したことをうかがわせる。

画師の人びと

『日本書紀』の雄略天皇七年是歳の条には、百済から「今来の才伎」のひとりとして「画部因《いん》斯羅我《しらが》」が渡来し、また推古天皇十二年（六〇四）九月には、「黄書画師・山背画師を定む」と『日本書紀』にみえている。前述したように『天寿国繡帳《てんじゆこくしゆうちよう》』の銘文によれば、「画者」として「東漢末賢《まけん》・高麗加西溢《こまのかせい》・漢奴加己利《あやのぬかこり》」を列記する。

高句麗系の黄書画師集団の本拠が山背国久世郡久世郷のあたりにあって、七世紀後半から八世紀前半のころに活躍したことは別に論述したが（「今来文化の面影」『古代再発見』所収、角川書店）、黄書画師たちの祖先が高句麗からの渡来人であったことは、『新撰姓氏録』（山城諸蕃）などでたしかめることができる。

高句麗系の画師として注目すべき人物に、高麗画師子麻呂《こまえしのこまろ》がいる。彼は『日本書紀』の斉明天皇五年（六五九）の条によれば、高句麗の使人を私邸に招いており、またこの高麗画師子麻呂と同一の人物ではないかと思われる画工狛竪部子麻呂《こまたてべのこまろ》は、白雉《はくち》四年（六五三）に「仏菩薩の像を造る」とある。もし両者が同一人物であったとすれば、狛（高麗）子麻呂は、造像にもたずさわり、画工より画師へとその地位を高めていったことになる。

高句麗系の黄書画師とつながりの深い人に、黄書造《きぶみのみやつこ》本実《ほんじつ》がある。彼は天智天皇十年（六七一）の三月に水臬《みずはかり》（水準器）を献じているが、薬師寺の「仏足石記」には、使人として唐に赴き、普光寺で仏足跡図を写して帰国したとあるから、遣唐使の一行に加わって唐にいたり、直接に唐の文物を学んで持ち帰ったことになる。彼の加わった遣唐使が何年のものであったかはさだかでないが、少なくとも天智天皇八年（六六九）の河内直鯨《かわちのあたいくじら》の遣唐使までであることは間違いない。最も可能性のあるのは、天智天皇八年時の遣唐使への参加ではなかったか。

黄書造本実は、薬師寺の薬師如来像の造像にも関係したと考えられるが、その台座彫刻の玄武と、高松塚の玄武さらに台座彫刻の朱雀とキトラ古墳の朱雀とがきわめて様式的に類似していることもみのがせない。画師が造像にも関与したことは、前記の狛子麻呂の例をみても明らかである。黄書造（黄文連）は、天武天皇十二年（六八三）に造姓より連姓となったが、黄書連本実は持統天皇八年（六九四）には鋳銭司となり、銭貨の鋳造ともかかわりをもつ。そして大宝二年（七〇二）には持統太上天皇の「作殯宮司」の一人となり、慶雲四年（七〇七）の六月には文武天皇の殯宮に奉仕し、同年十月には「御装司」の一人として造陵にも関係した。

キトラ古墳や高松塚古墳築造のころの画師としては、多くの人びとが認めるように黄書画師グループの存在が浮かびあがってくる。黄書連本実はそのリーダーであったかもしれない。キトラ古墳の玄武は高松塚の玄武と類似するが、白虎はおもむきを異にし、朱雀や十二支像もまた独自である。

星宿図は高松塚よりも精緻であり、現存最古の天文図といってよい。中国南宋十三世紀の淳祐「天文図」や一三九五年の李朝「天象列次分野之図」との関係が論議されたが、天文学史の研究者の見解によれば、「天象列次分野之図」の方が類似するという。しかしキトラ星宿図には独自の要素があって「分野之図」の銘文には七世紀前半のころの高句麗の石刻星図をもとにしたことだけでなく、『晋書』天文志の記述を引用している。西晋の陳卓《ちんたく》がまとめた星図がその石刻星図の古天象図であった可能性もある。

高松塚古墳の女人像の服装は高句麗の徳興里古墳や修山里古墳の壁画などと近似し、「天寿国繡帳」のそれとも類似する。男性像の東壁の持ちものに四隅から房飾りなどを垂らした四角い傘、西壁の男性像の持ちものに型に開く折りたたみ式のいすがあるのは中国・山西省の太原市で発見された北斉（五〇〇―五七七年）の高級武官徐顕秀の「出行図」の従者のもちものと共通している。

中国の壁画古墳とりわけ高句麗の壁画古墳（中華人民共和国の遼寧省・吉林省の四〇基、朝鮮民主主義人民共和国の六三基）の壁画とキトラ古墳・高松塚古墳の壁画を比較すると、たとえば高松塚の青龍が高句麗の青龍と似通っているというような類似性もあるが、高松塚の人物像は高さわずかに三五センチほどとはいえ、毛髪などの繊細さや描線の優しさなど、日本独自の要素があることをみのがせない。

キトラ古墳の朱雀は、高句麗の江西大墓や江西中墓の朱雀のように静止の姿をとらず、薬師寺の薬師如来坐像の台座の朱雀・東大寺正倉院蔵の鏡の文様にある朱雀とも形態を異にする。いままさに飛翔《ひしょう》しようとするその躍動の美は、白鳳文化の躍動美を象徴するかのようである。

十二支像は、北斉の武平元年（五七〇）の婁叡《るえい》墓の壁画にもあるが、動物の姿で獣頭人身像ではない。隋の俑《よう》（長江中流域）の十二支像に獣頭人身の十二支像があるけれども、古墳の壁画ではなく、キトラ古墳の十二支像と子《ね》像・丑《うし》像・寅像・午《うま》像のように武器を手に持つものは、今のところ類例がない（申《さる》像は赤色顔料が残存）。新羅王陵の獣頭人身の十二支像の例があるけれども、キトラ古墳より時代がさがる。こうしたキトラ古墳や高松塚古墳の壁画の独自の輝きもまた見失ってはなるまい。

このように壁画古墳もまた渡来の氏族と渡来の文化とのかかわりをもつことを改めて注目したい。

あとがき

『新撰姓氏録』の最終的完成は弘仁六年（八一五）で、平安京の左京・右京そして五畿内（山城・大和・摂津・河内・和泉）の千百八十二の氏が、「皇別」（真人姓氏族とその他の皇別）・「神別」（天神・天孫・地祇）そして「諸蕃」（漢・百済・高麗・新羅・任那）に分けて構成されている。『弘仁私記序』によると、『姓氏録』の完成以前にも『神別記』十巻があったと述べているので、「皇別」・「神別」などの類別は『姓氏録』ではじめてなされたわけではない。

しかし『姓氏録』が全三十巻のうち、第二一巻から第三〇巻までを「諸蕃」とする氏族の系譜にあて、左京諸蕃上（三十五氏）、左京諸蕃下（三十七氏）、右京諸蕃上（三十九氏）、右京諸蕃下（六十三氏）、山城国諸蕃（二十二氏）、大和国諸蕃（二十六氏）、摂津国諸蕃（二十九氏）、河内国諸蕃（五十六氏）、和泉国諸蕃（二十氏）、諸蕃の総計三百二十七氏を列挙しているのをみのがせない。

このなかの「漢」とする氏族には、たとえば太秦公宿禰《うずまさのきみのすくね》を「秦始皇帝の十三世の孫孝武王の後なり」としたり、「檜前忌寸《ひのくまのいみき》」を「石占忌寸と同じき祖、阿智王の後なり」とみなして漢の部類に入れているような、奈良・平安時代の中国を「大唐」とする中華思想にもとづく付会もあって（第Ⅰ部第一章参照）、そのすべてを信頼するわけにはいかないけれども、中国や朝鮮半島から多くの人びとが渡来してきたことはたしかであった。

平成二十三年（二〇一一）の十月の末、角川学芸出版編集部の宮山多可志さんが拙宅にみえて、昭和四十年（一九六五）の六月に出版した『帰化人』（中公新書）以後の研究のみのりをまとめてみないかとおさそいをうけた。その後お会いするたびに「執筆は進んでいますか」とたずねられた。

『姓氏録』によってもわかるとおり渡来の人びとの国々、そしてその関係氏族の数はかなり多い。そのすべてに言及することは不可能である。

そこで昭和四十年六月以後、おりおりに論究してきた代表的な渡来氏族と渡来の文化についての考察を中心に、最近の見解を書き加えて本書をまとめることにした。どこまで期待にこたえることができたかこころもとないが、近時のあらたな発掘成果をおりこんでのまとめとなった。

対馬藩の儒学者であり、朝鮮通信使による善隣友好の実践者であった雨森芳洲についての評伝『雨森芳洲』（ミネルヴァ書房）で詳述したが、芳洲が享保十三年（一七二八）の十二月二十日付で対馬藩主に上申した朝鮮外交のあり方について著述『交隣提醒《こうりんていせい》』のつぎの文を改めて想起する。

「誠信の交《まじわ》りと申す事、人々申す事に候へども、多くは字義を分明に仕えざる事これあり候。誠信と申し候は実意と申す事にて、互いに欺《あざむか》ず争《あらそわ》ず、真実を以て交《まじわ》り候を誠信とは申し候」。

この至言は、今の世にも活きる。もっとも近い国の渡来の人びとが、日本の歴史と文化の発展にいかに深いかかわりをもったか。本書がたんなる過去の物語ではなく、一衣帯水の隣国との友好のまじわりに、多少なりとも寄与することができれば幸いである。なお本書の出版にあたっては、角川学芸出版の大蔵敏氏と唐沢満弥子さんにいろいろとお世話になった。あつく感謝する。

二〇一三年五月吉日

上田　正昭

上田正昭（うえだ・まさあき）
1927年、兵庫県生まれ。歴史学者。専門は古代史、神話学。京都大学卒。京都大学名誉教授。京都市文化功労者。世界人権問題研究センター理事長、姫路文学館館長、高麗美術館館長、島根県立古代出雲歴史博物館名誉館長を歴任。『日本神話』（岩波新書）で毎日出版文化賞、『古代伝承史の研究』（塙書房）で江馬賞、福岡アジア文化賞、大阪文化賞、京都府文化賞特別功労賞、京都市特別功労賞、南方熊楠賞をそれぞれ受賞。『上田正昭著作集』全8巻（角川書店）、『私の日本古代史 上・下』（新潮選書）など著書多数。2016年、逝去。

角川選書 526

渡来《とらい》の古代史《こだいし》　国《くに》のかたちをつくったのは誰《だれ》か

平成25年6月20日　初版発行
令和5年4月30日　6版発行

著　者／上田正昭《うえだまさあき》

発行者／山下直久

発　行／株式会社KADOKAWA
〒102-8177　東京都千代田区富士見2-13-3
電話 0570-002-301（ナビダイヤル）

印刷所／株式会社KADOKAWA

製本所／株式会社KADOKAWA

装　丁／片岡忠彦　　帯デザイン／Zapp!

●お問い合わせ
https://www.kadokawa.co.jp/（「お問い合わせ」へお進みください）
※内容によっては、お答えできない場合があります。
※サポートは日本国内のみとさせていただきます。
※Japanese text only

定価はカバーに表示してあります。

ISBN978-4-04-703526-3 C0321

この書物を愛する人たちに

詩人科学者寺田寅彦は、銀座通りに林立する高層建築をたとえて「銀座アルプス」と呼んだ。
戦後日本の経済力は、どの都市にも「銀座アルプス」を造成した。
アルプスのなかに書店を求めて、立ち寄ると、高山植物が美しく花ひらくように、
書物が飾られている。

印刷技術の発達もあって、書物は美しく化粧され、通りすがりの人々の眼をひきつけている。
しかし、流行を追っての刊行物は、どれも類型的で、個性がない。
歴史という時間の厚みのなかで、流動する時代のすがたや、不易な生命をみつめてきた先輩たちの発言がある。
また静かに明日を語ろうとする現代人の科白がある。これらも、
銀座アルプスのお花畑のなかでは、雑草のようにまぎれ、人知れず開花するしかないのだろうか。
マス・セールの呼び声で、多量に売り出される書物群のなかにあって、
選ばれた時代の英知の書は、ささやかな「座」を占めることは不可能なのだろうか。
マス・セールの時勢に逆行する少数な刊行物であっても、この書物は耳を傾ける人々には、
飽くことなく語りつづけてくれるだろう。私はそういう書物をつぎつぎと発刊したい。
真に書物を愛する読者や、書店の人々の手で、こうした書物はどのように成育し、開花することだろうか。
私のひそかな祈りである。「一粒の麦もし死なずば」という言葉のように、
こうした書物を、銀座アルプスのお花畑のなかで、一雑草であらしめたくない。

一九六八年九月一日

角川源義